The Value of Marx

马克思的价值

当代资本主义政治经济学批判

［英］阿尔弗雷多·萨德-费洛（Alfredo Saad-Filho）—— 著

Political Economy for Contemporary Capitalism

周丹 孔祥润 —— 译

王月 —— 校

社会科学文献出版社
SOCIAL SCIENCES ACADEMIC PRESS (CHINA)

The Value of Marx: Political Economy for Contemporary Capitalism by Alfredo Saad-Filho

©2002 Alfredo Saad-Filho

Simplified Chinese edition copyright: ©2021 Social Sciences Academic Press (China)

All rights reserved.

本书根据 Taylor & Francis e-Library 2002年版译出

目 录

导 言 ·· 1

第一章　唯物辩证法 ·· 10
　第一节　真正的抽象和智力的概括 ································ 12
　第二节　马克思、黑格尔和"新辩证法" ·························· 27
　第三节　结论 ·· 35

第二章　理解马克思的价值理论 ······································ 38
　第一节　物化劳动的理解 ·· 39
　第二节　价值形式理论 ·· 48
　第三节　结论 ·· 61

第三章　价值和资本 ·· 63
　第一节　劳动分工、剥削和价值 ·································· 64
　第二节　资本 ·· 69
　第三节　结论 ·· 79

第四章　工资和剥削 ·· 81
　第一节　雇佣劳动和剥削 ·· 81
　第二节　劳动力的价值 ·· 89
　第三节　结论 ·· 97

第五章　价值、价格和剥削 98
　第一节　劳动的规范化 99
　第二节　劳动的同步化 112
　第三节　劳动的均质化 119
　第四节　结论 124

第六章　资本构成 126
　第一节　认识资本构成 127
　第二节　生产和资本构成 129
　第三节　资本积累 137
　第四节　结论 140

第七章　价值转化为生产价格 143
　第一节　剩余价值、利润和资本构成 144
　第二节　从价值到生产价格 148
　第三节　投入价值的转化 153
　第四节　结论 158

第八章　货币、信用和通货膨胀 161
　第一节　劳动和货币 161
　第二节　货币和生产价格 170
　第三节　信用、货币和通货膨胀 173
　第四节　结论 184

结　语 186

参考文献 191

导　言

马克思逝世一百多年后，他的著作仍然吸引着全世界的兴趣。① 尽管有这样的揣测——苏联解体后马克思的读者会减少，但是，马克思的生平和著作仍然吸引着许多人的关注，例如社会科学家、工会会员、激进的反资本主义或环保主义者等。我很幸运，在大学里见证了这种兴趣的复兴：学生们强烈要求开设与马克思著作相关的各种课程，这些课程常常人数爆满，课堂讨论活跃。关于马克思主义的学术研究取得长足进步，譬如社会科学领域一些优秀著作的出版，向马克思主义理论开放的那些杂志的持续成功，都表明了这一点。

虽然以上这些很重要，但它们的成功与二三十年前马克思主义学术研究的活力和影响力相去甚远。今天，不平等和剥削在很大程度上被"市场"这一意识形态和对"全球化"的空洞讨论所遮蔽。这些转换和西方政府政策的变化，尤其是其中与教育和研究相关的资金上的限制，对学术兴趣和学生的选择产生了重要影响。看起来，虽然在推进马克思主义的主题上有许多事情可做，但是，更为重要、更加持久的成就取决于在大学之外的社会运动

---

① Oakley（1983，1984，1985）和 Rosdolsky（1977）评论了马克思经济学观念的演变。Bottomore（1991）清楚简洁地解释了马克思的基本概念。对马克思主义政治经济学的历史性概述，参见 Howard 和 King（1989，1991）。

的成功。很显然，限制对既有社会安全网的侵蚀，提高全球范围内权力和收入的分配，限制金融利益以及"唯一的超级大国"的影响，在日益恶化的环境中为这个星球上的生命可能性留有余地，迫切地需要群众的实践活动。绝不要低估了群众的实践活动对一般意义上的学术多元化以及对更为专业的马克思主义研究的积极影响。

对于当今的迫切问题，卡尔·马克思没有给出现成的答案。然而，他的著作对资本主义的内部运行机制，对资本主义经济体系中不同要素的相互关系，提供了独特、深刻的阐释；正是这种运行机制和这些不同要素，表明了资本主义在善恶上具有无尽的可能性。就此而言，马克思的作品能让我们看到这个时代的问题以及对这些问题的解决方案的限度。

人们经常对马克思提出三种指控：（1）他的著作是不一致的；（2）他的著作是错误的；（3）他的著作是过时的。本书对第一种指控做出回应，并在分析的限度内消解这一指控。受篇幅和方法的限制，本书没对第二种指控进行反驳，然而我认为，受马克思著作启发做出的分析，能够对许多重要问题提供有趣的答案，而且本书为相关问题的进一步研究提供了指南。关于第三种指控，因为马克思的著作是 19 世纪的，所以是过时的，我想这很荒谬。无论是对马克思的同时代人达尔文，还是对牛顿、亚里士多德抑或先知（他们的著作远早于马克思的著作），没有人愚蠢到提出类似问题。在特定圈子内这个论证被认为是可信的，这表明米克（Ronald Meek）做出如下论证时是正确的：

> 这种情况太常见了，作者们似乎认定了这种情况是允许的：处理马克思的时候学术标准可以放得很低很低；处理其

他任何经济学家的时候,这么低的学术标准是不被接受的。①

与否认马克思对资本主义的分析相比,更令人困惑的是对劳动价值论有效性的默认。② 例如,出版物和政坛上经常就劳动生产率在决定价格上的重要性、生活标准以及国际竞争展开讨论。然而在这些讨论中,马克思的名字不见踪影。③

本书批判性地评论了马克思主义政治经济学文献的某些方面,推动其向前发展。④ 本书就两个问题进行了详细分析:第一,资本主义经济再生产的本质要素(生产什么和如何生产)以及这种生产方式下的社会结构(尤其是剥削结构);第二,马克思主义研究必须能够解释资本主义的重要特征,而其他思想流派(新古典主

---

① 参见 Meek(1973,p.24)。这种偏见与其他先驱面对的偏见相似:"傲慢地反对进化论(进化论没有充分的事实支撑)的那些人似乎忘了,他们自己的理论根本没有任何事实支撑。大多数人是这样,他们天生具有这种想法:他们要求给任何自利的想法以最严格的证明,但是,他们又假定自己的想法不需要任何证明。"(Herbert Spencer,'The Development Hypothesis,'最初发表于 *The Leader*,1952)感谢 Andrew Berry 让我注意到这个脚注。

② 马克思的理论(劳动价值论)常常被称作 "a(or even the)labour theory of value"。这有误导性,一个更好的术语当然是源自德语的 "arbeitswerlehre",抑或 "theory of labour value"(Diane Elson 建议 "value theory of labour",参见 Elson 1979b)。然而,多亏 Alejandro Ramos‐Martínez 的洞察力,我仍坚守传统译法。

③ 参见 Lipietz(1985b,p.83)。

④ "政治经济学,从最广的意义上说,是研究人类社会中支配物质生活资料的生产和交换的规律的科学……人们在生产和交换时所处的条件,各个国家各不相同,而在每一个国家里,各个世代又各不相同。因此,政治经济学不可能对一切国家和一切历史时代都是一样的……因此,政治经济学本质上是一门历史的科学。"(Engels 1998,pp.185–186)[本引文出自恩格斯《反杜林论》。本书所涉及的马克思、恩格斯、列宁等马克思主义经典作家的引文文献,具体参见《马克思恩格斯全集》(第二版)、《马克思恩格斯文集》(2009)、《列宁专题文集》(2009)、《资本论》(2004)以及《马克思恩格斯全集》(第一版)的第19卷、第26卷(Ⅰ、Ⅱ、Ⅲ)——译者注] 对马克思政治经济学的出色介绍,参见 Fine(1989),Foley(1986),D. Harvey(1999)以及 Weeks(1981)。

义、凯恩斯主义和制度主义等）在分析这些特征时力有不逮。例如，货币的必要性和起源、技术进步和劳动生产率的提高、劳动强度和工作日长度之间的冲突、工薪阶层的增长、不平衡发展不可避免、循环和危机、工人的贫困（不是由于生活标准的降低，而是由于距离的扩大，即工人的"需求"和工人所能支付购买的东西之间距离的扩大而来的贫困），以及债务和过度劳累经常发生。

价值在马克思的资本主义批判中起了关键作用。它不是一个单纯的概念，对它的诠释方式多种多样："实际上，马克思主义经济学的每个争论，在根基上都是与价值论的本质和地位有关的争论。"①

在借鉴许多著作尤其是法因（Ben Fine）和维克斯（John Weeks）著作的基础上，本书发展了对价值论的解释。② 在卢卡奇的意义上，这种解释是正统的，例如它紧跟马克思的方法，但不预设马克思写下的每个字都是正确的。埃莱尔（Heller）说得很对：

> 下列情况没什么意义：引用马克思的某些话，以此为证据证明对马克思的某种理解不存在矛盾……我感兴趣的是马克思思想的主要倾向。③

价值论的主要目的在于解释资本主义制度下劳动和剥削的

---

① 参见 Mohun（1991, p.42）。
② 参见 Fine（1980, 1982, 1989）和 Weeks（1981, 1990）。我所引用的其他有重要影响的著作包括 Arthur（2001），Chattopadhyay（1994），Elson（1979b），Gleicher（1983），Itoh and Lapavitsas（1999），Lebowitz（1992）和 Postone（1993）。
③ 参见 Heller（1976, p.22）；Lebowitz（1992, p.1）。

关系：

> 价值论使我们能够以这种方式——超越剥削中碎片化的经验——分析资本家的剥削……它使我们把剥削看作一个不断变化的、自相矛盾的、充满危机的过程……［而且］它有助于我们认识到剥削过程是如何进行的，认识到结束剥削的实践可行性。①

价值论对资本家垄断生产资料、工资关系一般化以及商品交换的扩散善加利用，对资本主义积累的结构和动力学（包括阶级、冲突、价格、分配、信用和金融）得出重要结论。这些发现为经验性研究提供了有效指导，而且它们有可能充溢于政策结论中，然而，我们在这里想做的并不是这些。本书在其他一些领域也是不完整的：它没有讨论价值论的某些重要方面，例如生息资本、利润率下降趋势和危机理论；它略过与经济方式无关的剥削，而且它没有对价值分析的诸多重要贡献做出评价。

虽然有这些限制，但是本书实现了三个主要目标。第一，它证明了受马克思价值论激发的理论可以得到发展，并解释了现代资本主义的重要特征；第二，它批判性地评价了过去半个世纪马克思主义价值理论的发展轨迹，并表明马克思价值理论已经越来越复杂、有弹性，并且更能被纳入诸多社会科学的成果中；第三，它有助于这种理论在下文描述的几个领域的发展。

---

① 参见 Elson（1979b, p.171）。Weeks（1981, pp.8, 11）所说是正确的："价值论作为一种理论，它的要点不在于交换和分配，而在于揭示一个商品生产的社会所隐含的阶级关系……马克思发展的价值论同时（1）揭示了资本主义不过是剥削社会的一种形式，（2）解释了由前资本主义社会向资本主义社会的历史转变，（3）提供了资本主义经济具体运行的一种理论，并且（4）解释了为什么其他人必须在其他理论框架下解释资本主义经济的运行。"

本书分为八章。

第一章解释马克思在分析中使用的方法论原则，以及这些原则与资本主义批判的关系。本章受苏联哲学家 E. V. 伊利延科夫（Ilyenkov）"唯物辩证法"的影响，而且它为批判最近关于马克思的黑格尔主义阐释（"新辩证法"）提供了动力。

第二章批判性地评述对马克思价值理论的两种解释：价值是"物化劳动"，"传统马克思主义"和斯拉法（Piero Sraffa）是这种方法；价值是"价值形式"（value form theories），鲁宾（Rubin）传统和"新解释"与这种观点相关。它们是过去半个世纪发展出来的最著名的价值分析，它们对我们认识资本主义帮助很大。然而，这些解释有不少局限。传统马克思主义的缺点是把马克思主义引向停滞和分裂；斯拉法的分析误解了价值和资本，反映了新古典主义经济学的重要缺点，且不能对货币和经济动力给出令人满意的解释；20 世纪 70 年代早期，鲁宾传统在更新颖、更富有成效的基础上改变了价值争论，然而，鲁宾传统对价值关系的关注通常以对资本和资本主义的分析为代价，这弱化了它的用处，而且常常受到误解。"新解释"对宏观经济政策的激烈批判很有帮助，即便如此，这种解释也有重大理论缺陷，尤其是它倾向于把抽象程度不同的现象混淆在一起，想要走价值结构分析及其特有的解释力量之间的捷径。

第三章勾勒出本书所发展的价值分析。它表明，价值理论主要聚焦于资本主义条件下调节社会再生产的经济过程及各种关系。这种分析从分工劳动出发，以此为基础为剥削关系下定义，继而对资本和资本主义剥削进行介绍。这一章表明，一方面，资本是一种生产关系，在这种关系中，劳动力、劳动产品以及更一般意义上的货物和服务都变成了商品；另一方面，资本是一种阶级剥削关系，它是由资本家迫使工人阶级更多地进行生产而非消费的能力，是由资本家对剩余价值的要求所决定的。在这些情形下，劳动产品通常采用价值形式，而经济剥削以榨取剩余价值为基础。从这个角度分析，价值论是一种阶级理论，尤其是阶级剥削理论。出于其他理由，价值这个概念很有用处，因为它表达了资本主义制度下的剥削关系，而且它用自愿的市场交换的主导来解释这些剥削关系。

第四章对剩余价值做出解释，它作为工人生产出来的价值和它作为以工人工资预支的劳动力的价值是不同的，换言之，它是被资本家所占有的有价值的那部分社会产品。紧随第三章资本的概念化，这些术语在分析中被当作由阶级关系所定义的总体，而非纯粹个体的生存需求、工资或利润的总和。这一章还考察了不同的（定量式和份额式）"劳动力价值"概念，并发现它们缺少某些价值。这一章提出的概念是：劳动力价值既不是一定数量的货物也不是一定数量的货币，它是一定数量的价值，即生产必需品时工人阶级花费的抽象的劳动时间。从积累水平看，这种价值取决于资本和劳动交换的总体水平，取决于生产中的劳动和剥削。

第五章从劳动的规范化、同步化和均质化来评论价值和价格的关系，表明：（1）产品的价值形式起源于劳动的社会分工；（2）价值创造是取决于生产关系和社会生产力的社会过程。对劳动的规范化、同步化和均质化分析，解释了高强度熟练劳动、去技术化、跨行业竞争、机器的使用以及技术变革在价值创造上的潜力，包括它们对价格、经济再生产和经济危机的重要性。最后，这一章讨论了供求不平衡时价值和价格的意义和重要性。

第六章讨论马克思的"资本构成"概念，包括资本技术构成（technical composition of capital，TCC）、资本有机构成（organic composition of capital，OCC）和资本价值构成（value composition of capital，VCC）。尽管在马克思对价值-价格关系、技术变革、利润率下降趋势等的分析中，资本构成起了重要作用，但是本章要证明，对 TCC、OCC 和 VCC 的常见理解是肤浅的、不正确的。TCC 这个概念很简单，它是个物理比例，是投入的物质和把这些物质变为产品所必需的活劳动的比例。OCC 和 VCC 这两个概念相对难以把握，它们在静态和动态两种情形中得到比较和对照。静态比较是生产中每小时消耗的不变资本的价值（VCC）与该时段使用的生产手段的总和（TCC 和 OCC）的比例。在动态背景下，OCC 是对技术上每小时所需不变资本的预先的估算，而 VCC 则是事后的比例，即流通的不变资本的价值和上一生产阶段耗费的可变资本的比例。静态情形阐明了马克思把价值转变成生产价格，而动态情形在资本积累的同时伴随着技术变革的情况下，其作用在于分析利润率下降的趋势。

第七章分析马克思主义政治经济学中最棘手的问题——价值转化成生产价格。文献常把转化问题解释成行业内部竞争下的价格决定问题，但这种新古典主义的视角是一种误导。在其转化程序中，马克思的主要兴趣在于对经济中始终存在的资本、劳动和剩余价值的再分配做出解释。为了做到这一点，一个更加复杂的价值形式就是必要的，马克思称之为生产价格。换句话说，这种转化实质上是价值形式的变化；就此而言，斯拉法的程序并不充分，因为他混淆了分析的层次。本章的进路表明，马克思的转化并不存在"问题"，马克思的分析并不存在不一致。马克思的理论有价值，因为它解释了价格的意义和重要性。在这种背景下，价格矢量的计算是很基础的。

最后，第八章对前文展开的价值分析做出总结，批判性评述马克思主义和其他激进派关于货币、信用和通货膨胀的理论。马克思的货币理论经常受到关注,仿佛它的重要性无非是强调从商品赚取货币。这一章认为这一观点是不切实际的。马克思的货币理论可以从很多方面得到进一步阐发,如对不可转换货币和通货膨胀的解释。前一点很重要,因为它表明马克思的方法是内在一致的,并且能够对接现代资本主义的某些重要方面。后一点是一个重要的现实问题,对其进行分析具有重要的理论和政治意义。

这些应用表明,马克思主义政治经济学充满活力,马克思主义政治经济学与现时代关系密切;它们同时也暗示:马克思主义政治经济学作为分析的、批判的"武器",对当代资本主义批判依然有效且价值重大。

第一章 唯物辩证法

很难对马克思的方法,尤其是《资本论》的方法,做出概括。对马克思理论的作用和目标看法不同,加之马克思已出版著作①的覆盖范围和不完善性,共同造成对马克思方法的理解大相径庭。在马克思主义政治经济学的发展中,这些方法论上的争论非常重要。如果马克思本人在方法上不那么晦涩,就不会有这么多深远的、重要的争论。在《资本论》第一卷"第二版跋"中,马克思本人总结说:"人们对《资本论》中应用的方法理解得很差,这已经由对这一方法的各种相互矛盾的评论所证明。"② 虽然如此,马克思从未充分地解释自己的方法。

至少可用三种方式理解马克思在该问题上的缄默。

第一,马克思淡化《资本论》的方法是为了让他的工人阶级的读者更容易理解该书,对史密斯(Tony Smith)③ 而言,"在我看

---

① 马克思生前只发表了少量著作,最有名的包括《哲学的贫困》《共产党宣言》《政治经济学批判》和《资本论》第一卷。在他逝世后,许多重要手稿才被编辑、出版,包括《资本论》第二卷和第三卷,《剩余价值理论》《政治经济学批判大纲》(参见 Oakley 1983)。
② 参见 Capital 1 (p. 99)。这句引文表明《资本论》第一卷法文版的出版是得到马克思认可的。
③ 参见 T. Smith (1990, p. 32; 1993a, p. 47)。

来，这种考虑是最为重要的"。① 这一假设可以由马克思的表述得到证明：《资本论》"……正在变得通俗多了，而方法则不象在第一部分里那样明显"。② 史密斯的推测有合理性：一方面《资本论》这本书很复杂，另一方面马克思想找到一种富有吸引力的表达方式，此二者之间的张力使马克思淡化《资本论》的方法论。然而这种解释并不充分，因为马克思再三表示，他绝不会仅仅为了增加著作的吸引力而降低著作的难度：

> 我所使用的分析方法至今还没有人在经济问题上运用过，这就使前几章读起来相当困难……这是一种不利，对此我没有别的办法，只有事先向追求真理的读者指出这一点，并提醒他们。在科学上没有平坦的大道，只有不畏劳苦沿着陡峭山路攀登的人，才有希望达到光辉的顶点。③

第二，阿瑟（Chris Arthur）提供了一种不同的解释。马克思从未充分解释自己的方法是因为他本人也不确定自己的方法（尤其是自己的方法与黑格尔的方法的关系）是什么：

> 我得出的结论是：马克思本人对自己与黑格尔逻辑学的关系困惑不已。因此，我相信有必要重构对资本的批判……这种重构要比马克思本人的构建更一致、更清晰。④

---

① 参见 Capital 1（p. 104）。
② 参见 Letter to Engels, December 6, 1861, quoted in Murray (1988, p. 109)。
③ 参见 Capital 1（p. 104）。
④ 参见 Arthur (2000a, p. 107n10)，以及 Arthur (1993a, pp. 63 - 64; 1997, p. 11)。

阿瑟的主张可谓意味深长，我们在这不做深究。①

然而，还有一种方式理解马克思所说的话。本章要论证马克思意识到了自身方法的意义和重要性，他不仅仅是为了让自己的著作吸引更多读者才淡化方法的重要性。马克思不详细解释自己的方法，除了极少数例外，是因为他的著作的关注点不是方法论（甚至不是哲学），而是对资本主义及其辩护者的批判。在他的著作中，方法通常起着（虽然重要但是）从属性的作用，常常湮没在论证中。② 在马克思著作以及相应争论的启发下，本章把马克思对资本主义的分析等同于他的方法论原则。

本章分为三个部分。第一部分概括总结对《资本论》做"唯物辩证法式"理解的各种原则，并澄清以这种方式理解马克思的著作有何含义；第二部分批判分析"新辩证法"，这是最近对马克思的黑格尔式理解；第三部分为本章做个小结。

第一节　真正的抽象和智力的概括

列宁的论述非常有名：

> 虽说马克思没有遗留下"逻辑"（大写字母的），但他遗留下《资本论》的逻辑，应当充分地利用这种逻辑来解决这一问题。在《资本论》中，唯物主义的逻辑、辩证法和认识论不必要三个词：它们是同一个东西都应用于一门科学，这种唯物主义从黑格尔那里吸取了全部有价值的东西并发展了

---

① 对马克思与黑格尔的关系的详细分析，参见 Zelený (1980, chs. 12–17)。
② "虽然用科学方法论严格要求自己，但是，马克思的方法论问题湮没在了他的科学著作中。" (Murray 1988, p. 109) 参见 Reichelt (1995)。

这些有价值的东西。①

这一部分利用苏联哲学家伊利延科夫勾勒出的"唯物辩证法"②推进发展列宁的主张。唯物辩证法相信：第一，《资本论》中细致的分析是一个完整的整体，而且，由互为条件的诸多事物或现象构成的这个有机系统取决于它的每个部分和每个瞬间；③第二，为了在智力中重构这种具体性，所做分析必须能反映具体性的结构。换言之，分析应当从整体而不是从它的各个部分开始。

与之相比，形而上学（包括形式逻辑）的方法把具体性看作本体上相互依赖的诸因素的堆积，这些因素只是从外部偶然地联系在一起。④形而上学方法通常依照智力的概括来建构。对隶属于洛克、康德、密尔传统的哲学家，这是概念发展中唯一的立法程序。⑤智力概括的基础在于：武断地选择某种关系或共同性质，例如经济学中的"劳动"、"需求"、"市场"或"效用"，作为进一步分析的基础。

智力的概括对于科学的分析是必要的，因为它们有助于做出鉴别和归类。然而出于三个理由，它们在解释上价值不大。第一，

---

① 参见 Lenin（1972，p. 319）。
② 伊利延科夫对"唯物辩证法"这个术语做出了解释（1982，pp. 77，114，162，278）。
③ 参见 Arthur（1998，p. 11），Carver（1980，p. xi），Ilyenkov（pp. 32 – 33，57，58），Kosik（1976，pp. 16 – 23），Lebowitz（1992，p. 2）和 Ollman（1993，pp. 12 – 13）。对辩证法的卓越概述参见 Ollman（1993，ch. 1；1998）；对辩证法历史的出色评述参见 Scott（1999）。
④ 这种方法是新古典主义经济学的典型方法。对它的逻辑缺陷的极具启发性的分析，参见 Schotter（1990，chs. 4 – 5）。
⑤ 智力的概括还被当作经验主义的抽象（Gunn，1992）、形式主义的抽象（Ilyenkov 1982，pp. 61 – 62）或普遍的抽象（Murray1988，pp. 114，122 – 129）。相关的批判性分析，参见 Ilyenkov（1977，essays 3，5 and 10）。

它们是重言式。智力的概括断言特定因素存在一切事物中，因为唯有具备这种属性的事物才能纳入分析。第二，智力的概括外在于对象。它们可以表达客观事实，也可以只表达主观假象，想把这两者区分开着实不易。第三，智力的概括所确立的那些性质在复杂程度上不尽相同。它们很可能表达感兴趣的那些现象的极为不同的各个方面，因此，它们与具体性的关系仍不明晰。① 由于这些缺陷，通过智力的概括所获得的结论缺乏普遍有效性。

这些不足之处可以被克服，只要分析建立在真正的抽象或具体性抽象（real or concrete abstractions）的基础上。② 这一方法最早是由斯宾诺莎勾勒出来的，他的论证捍卫"由实际上的普遍原因而来的对独特性质的演绎"，而不是"依照三段论的形式化原则对事物性质进行的演绎"。③ 黑格尔发展了斯宾诺莎的洞见，他主张不能通过沉思获得真理，唯有从感性沉思上升到运用抽象的概念来表达具体性——这赋予具体性以内容和意义——才能获得真理（参见本章第二节）。马克思在自己的价值论和其他地方，修改并使用了这种方法。

智力的概括以观察者选取的外部关系为基础，真正的抽象以

---

① 参见 *Grundrisse*（《政治经济学批判大纲》）第 85~89 页，Gunn (1992, p. 23) 和 Ilyenkov (1977, p. 64; 1982, pp. 18-19, 29-35, 48, 60-66, 78, 85)。

② 参见 Ilyenkov (1982, pp. 21-28, 47-48, 60-61, 76, 81-86)。类似的观点参见 Albritton (1986, pp. 190-191), Arthur (1979, pp. 73-77; 1993a, pp. 85-86), Aumeeruddy and Tortajada (1979, pp. 5-9), Elson (1979b, pp. 145, 164), Fine and Harris (1979, p. 11), Gunn (1992, pp. 18-24), Himmelweit and Mohun (1978, p. 75), Kapferer (1980, p. 77), Lebowitz (1992, pp. 39-40), Murray (1998, pp. 114-115, 122-128), Shaikh (1982, p. 76), T. Smith (1998, p. 476) and Sohn-Rethel (1978, pp. 20, 69-70)。Ollman (1993, pp. 26-33) 对马克思的"抽象"概念做出了解释。

③ Ilyenkov (1982, p. 22). 还可以参见 Brown (2001) 和 Ilyenkov (1977, essays 1-2)。

物质现实为基础，它们揭示了个别事物的本质中蕴含的具体的普遍性。换言之，以智力的概括为基础的研究，能够从具体性所具有的任何特征开始。与之相比，唯物辩证法选取具体性所具有的最重要的特征，并以此为基础系统地重构其他特征。① 本质是个别事物最一般的客观特征，是它们"受规律统治的内部结构"。换言之，本质构成了个别事物在逻辑上、历史上的决定性特征，这是它的内在关系的关键。② 因此，（1）本质是一个逻辑范畴，它有助于在智力中重构具体性；（2）它就是个别事物由以展开的现实的（而非单纯理论的、理想的）本源；（3）它是在历史中形成的。③ 本质作为由规定而来的例外产生了，它逐渐脱离先前的具体的普

---

① 列宁（1972，pp. 360 - 361）主张，"马克思在《资本论》中首先分析资产阶级社会（商品社会）里最简单、最普遍、最基本、最常见、最平凡、碰到过亿万次的关系：商品交换。这一分析从最简单的现象中（从资产阶级社会的这个'细胞'中）揭示现代社会的一切矛盾（或一切矛盾的萌芽）。往后的叙述向我们表明这些矛盾和这个社会——在这个社会的各个部分的总和中、从这个社会的开始到终结——的发展（既是生长又是运动）……一般辩证法的阐述（以及研究）方法也应当如此（因为资产阶级社会的辩证法在马克思看来只是辩证法的局部情况）。从最简单、最普通、最常见的等等东西开始；从任何一个命题开始……在这里（正如黑格尔天才地指出过的）就已经有辩证法了"。

② 参见 Ilyenkov（1982，p. 84）；还可以参见 Ilyenkov（1977，p. 369）和 Zelený（1980，pp. 31 - 38）。对列宁来说（1972，p. 84），"规律和本质是表示人对现象、对世界等等的认识深化的同一类的（同一序列的）概念，或者说得更确切些，是同等程度的概念"。因此，本质是"受规律统治的内部结构"；这种结构决定了具体性的发展规律，系统地证明了这些规律是趋势。趋势和相反趋势的交互作用决定了现实的演化（参见本章第二节，Marx 1975，pp. 259 - 260，and Reuten 1997）。

③ 对 Rosdolsky（1977，pp. 114 - 115）来说，"读者不应该把经济范畴想象成其他任何东西，它们就是现实关系的反映；也不应该把这些范畴的逻辑推导想象成能够脱离它们的历史而展开的东西"。与此相似，Foley（1986，p. 1）的论证是正确的："马克思把他正在分析的社会现实当作一个过程，它包含了对自身内在矛盾的回应。换言之，如果脱离造就现象的那段历史，就不能理解马克思所讨论的那些现象。"

遍性，成为历史进程中只能付诸具体分析的、一系列新现象的本质（参见后文的例子——抽象劳动、价值和资本等）。①

这并不意味着本质总是一个隐藏在现象背后的独立的实体，唯有揭开它的面纱才能认识它；这也不意味着本质总是要透过现象以便（至少从理论上）找到能导向个别事物的东西。毋宁说，本质通常存在于现象中，而且只能通过现象而存在；现象不仅仅是本质的表现形式，它更是本质的存在方式（mode of existence）。②例如，"水果"是一切苹果、李子和橘子的本质，然而并没有真实的"水果"这种东西。存在的只是各种水果，可以用分析来揭示它们的本质、它们共同的生物性和历史性特征。

总而言之，唯物辩证法审视具体性，以便弄清楚决定现实的物质结构，尤其是弄清楚所要研究的现象背后的本质，弄清楚现象与本质的中间环节。对本质及其发展的系统性分析阐明了个体之间的联系，并用概念表达它们的这种联系，想在智力中重构这种具体性必须如此。③ 最后，这个程序勾勒出：

---

① 对唯物辩证法而言，"这个问题——一个概念的普遍特征——被转到了另一个领域，即研究这个概念的实际发展过程。发展的方法变成了逻辑的方法"（Ilyenkov 1982, pp. 76 - 77）。还可以参见 Ilyenkov（1977, pp. 354 - 355; 1982, pp. 83 - 84, 94 - 96）。

② "个别一定与一般相联而存在。一般只能在个别中存在，只能通过个别而存在。任何个别（不论怎样）都是一般。任何一般都是个别的（一部分，或一方面，或本质）……这里已经有自然界的必然性、客观联系等概念的因素、胚芽了。这里已经有偶然和必然、现象和本质。"（Lenin1972, p. 361）还可以参见 Bonefeld, Gunn and Psychopedis（1992a, pp. xv - xvi; 1092b）以及 Gunn（1992, pp. 20 - 24）。

③ 参见 Ilyenkov（1982, pp. 217 - 222, 232, 244）。Thompson（1978, pp. 231 - 238）勾勒出与此有一定相似性的另一种方法——"历史的逻辑"。唯物辩证法与恩格斯（1981）和 Meek（1973）的"逻辑性 - 历史性"方法截然不同，参见本书第二章第一节。

一个纵横交错的沉思领域，它就是一个整体（totality）：这个领域中的任何关系都不是因为自身而成立……整体论（totalizing theory）要求这样一个观念——决定性的真正的抽象。若没有这个观念，"不同时刻"发生的"交互作用"以及"每个有机的整体"等不过是陈词滥调：每件事情都在一定程度上影响着其他所有事情。想让整体更加丰满，我们需要认清某些关系是如何形成并变革其他关系的，是如何构成并重构其他关系的，某种关系的存在方式如何能成为另一种关系。这一更具逻辑性的概念，使得整体和"辩证法"不再是单纯的互惠作用。①

让我们简要地讨论三个例子，它们阐明了唯物辩证法以及它与形式逻辑的不同。第一个例子证实了这种说法：抽象劳动是资本主义劳动的本质。第二个例子表明为什么抽象劳动是价值的实质。第三个例子解释货币、价值和资本的关系（参见第二章和第三章）。

（一）抽象劳动

劳动是人的精力的有目的的消耗，它用预期的方式改变已有的自然和社会条件（参见第三章第一节）。因此，劳动调节着社会及环境的新陈代谢。② 这个"生理学"定义源自一条贯穿所有类型的具体劳动的智力的概括。这个定义通常来说够用了，但是，出于两个理由，它并不那么充分。第一，它过于一般，有目的的消耗精力的一些方式通常不被当作劳动。例如，与个人维持生命并繁衍后代、家务管理、消磨时间和自我表达以及艺术有关的那些活动。第二，这种超历史的定义分析不出什么结果。例如，随着工作过程

---

① 参见 Gunn（1992，p. 23）。
② 参见 *Capital* 1（pp. 133, 283 – 284, 290）。

的时空变化，烹饪、设计、管理或个人服务也会有很大变化，这些活动就是在相应环境中展开的。人类劳动的这些特征很重要，但是，劳动的生理学定义不会为了解释它们而得到系统发展。

若想得到更多成果，人们对资本主义劳动的意义和重要性的分析必须从它的本质——抽象劳动——开始。抽象劳动可以被定义为雇佣劳动所从事的、直接指向剩余价值生产的劳动（参见第三章第二节）。这是资本主义劳动的本质，原因有三。第一，使用工资劳动以生产剩余价值，这是资本主义关系的典型特征（和定义）。第二，资本主义的传播逐渐扰乱了非资本主义的生产方式。非工资形式的劳动容易被边缘化，雇佣劳动的雇佣视剩余价值的生产而定。[①] 第三，对抽象劳动的系统分析中，引进了其他范畴以解释资本主义的结构和社会关系，这也是《资本论》的导引线索。

在资本主义制度下，劳动通常有两个规定：它既是具体的又是抽象的。作为具体劳动，工作是一种转化活动；作为抽象劳动，工作被归为一种特殊的社会形式。抽象劳动主导具体劳动，因为具体劳动的展开通常取决于剩余价值的榨取，而不取决于对劳动产品的需求。

上述说法强调了唯物辩证法的四个重要特征。第一，真正的抽象揭示了所分析现象的本质，但本质未必在每一个个体中展现其自身。[②] 在上面的例子中，虽然有些劳动（如志愿者工作）没有

---

① 参见 *Theories of Surplus Value* 1（pp. 409 – 410）。
② "具体的普遍性通过概念得到表达，它本身包含具体的所有内容，但原因不在于它包含所有的事例，抑或它可以作为这些事例的共同名称。"（Ilyenkov 1982, p. 84）与此类似，Foley（1986, p. 4）也论证，加入更高级的内容后，"有可能产生看似与基础性内容相矛盾的现象……但这种矛盾只是表面的；只要解释与理论的结构相一致，那么基本内容在解释中仍然是有效的、重要的，在更复杂的情形中仍然可以使用"。

工资，有些不领工资的工人（如由私人工厂转包的囚犯）能创造剩余价值，有些领工资的工人（如公务人员）没有创造剩余价值，但是，抽象劳动仍是资本主义劳动的本质。

第二，与智力的概括相比，由真正的抽象所决定的概念的意义和重要性，在审视中不可能毫无问题。换言之，（以真正的抽象为基础的）唯物辩证法和（以智力的概括为基础的）形式逻辑，是指向科学分析的相互独立的途径。

第三，如果超出其逻辑和历史的限度，唯物辩证法有可能失去效力。① 例如，在资本主义生产方式与其他生产方式之间，劳动的声望并没有直接的联系。在《资本论》里，马克思处理了资本主义制度下社会和经济再生产的结构和过程。这本书只有一小部分涉及其他的生产方式，而且也不能假定马克思的分析可以毫无问题地包含其他的生产方式。②

第四，唯物辩证法分析的验证包括三个独立阶段：（1）通过逻辑和历史研究，确定唯物辩证法概念的含义和重要性，并确定概念的内部联系；（2）对看起来与"受规律统治的内部结构"相

---

① 参见 *Grundrisse*（pp.460 - 461）。对马克思来说，"摒弃其历史背景，没什么现象（尤其是没什么社会现象）可以被理解。任何命题，如果被当作永恒真理，抑或被当作脱离历史环境的真理，都会失去其合理性"（Baumol 1983，p.307）。更特别的是，"马克思的分析特征之一就在于理论著作要始终触及历史现实……马克思的整个《资本论》在抽象的辩证发展和具体的历史现实之间不断转换。与此同时……马克思的分析不断地让自己摆脱历史现实的肤浅外表，让自己用观念表达历史现实中必要的关系"（Zelený 1980，p.36）。还可以参见 Albritton（1986，p.18），Colletti（1972，p.3），Murray（1988，p.113）和 Thompson（1978，p.249）。

② 马克思"对一般范畴深感怀疑……他把范畴本身看作某个具体社会的产物，并寻求能用于把资本主义与其他生产方式区分开来的概念，并以之为基础剖析资本主义的内在逻辑。通过这种方式，马克思使自己的唯物主义成为真正的历史唯物主义"（D. Harvey 1999，p.6）。

矛盾的现象做出解释；(3) 确证具体与其理论表征相符合。①

(二) 价值

价值分析对马克思尤为重要，其意义和有效性曾经是许多激烈论证的主题。② 下面这个例子对马克思把抽象劳动当作价值的实质做了讨论。奥地利经济学家庞巴维克（Eugon von Böhm-Bawerk）对马克思所做论证展开的批判很有名。对他而言，

> 马克思通过排除法……得到作为交换价值之特征的这个"共同因素"。[然而] 他从一开始就把自己的研究领域限定在作为自然天赋的对立面的劳动产品上……寻求植根于交换价值的共同因素时把不是劳动产品的那些货物排除掉，这是方法上的重大失误。③

庞巴维克推断，想确定价值的实质必须以智力的概括和形式逻辑规则的运用为基础。④ 然而，这种批评是无效的。马克思的分析并不从任意两种特定数量的商品交换（$xA = yB$）开始，并不把劳动作为第三种因素或共同因素，而且它也不服从形式逻辑的规则。⑤ 相反，他的分析从真正的抽象开始，并且符合唯物辩证法的原则。

---

① 参见马克思对费尔巴哈的第二个论点（Marx1975, p. 422）以及 Moseley (1995a, pp. 93-94)。
② 参见第2章, Fine (1980, p. 123) 和 Ollman (1993, p. 61)。
③ 参见 Böhm-Bawerk (1949, pp. 69-70)。
④ 对庞巴维克的批判，参见 Glick and Ehibar (1986-87, pp. 464-470), Hilferding (1949) 和 Ilyenkov (1977, essay 10, and 1982, pp. 62, 73-81)。
⑤ "马克思并不把自己的价值概念建立在脱离了现实世界的精神建构的基础上，它不做任何任意的假定。相反，他的论证以这个事实为基础：各种类型的劳动减少到一个共同标准，这是现实世界本身的结果。"（Fine1980, p. 124）

这种主张——抽象劳动是价值的实质——以三个假设为基础。第一，正如前文所做的论证，劳动是社会和经济再生产的超历史条件；第二，抽象劳动是典型的资本主义形式的劳动，与具体劳动相比，抽象劳动处于主导地位；第三，价值（或商品）关系是资本主义制度下人类交往的一般形式，而且在这种生产方式中，价值关系是社会和经济再生产的中介。① 通过价值关系的概括，资本主义历史地发展出资产阶级生产方式的垄断，由雇佣劳动而来的商品生产的扩散、商品交换的增长，产品对利润动机的服从。这些价值关系历史地确立了抽象劳动的主导地位；相反地，抽象劳动的传播强化了人类关系的商品化性质，强化了为利润进行的生产。② 从逻辑上看，以抽象劳动为基础，马克思价值分析的系统发展能对复杂程度不尽相同的现实的某些方面做出解释，包括资

---

① 价值是"人类活动（劳动）存在的确切的社会方式"（*Theories of Surplus Value* 1, p. 46）。换言之，"资本主义制度下劳动变成了一般劳动，这不仅仅是由于如下的老生常谈——它是形式多样的各种劳动的分母；毋宁说，劳动的社会功能使它变成了一般劳动。作为一种社会性的中介行为，劳动是从自身产品的特征（从自身的具体形式所具有的特征）所做的抽象。在马克思的分析中，抽象劳动这个范畴要表达真正的抽象过程；它不仅仅以概念的抽象过程为基础"（Postone 1993, pp. 151 – 152）。还可以参见 *Contribution*（pp. 276 – 277）和 *Grundrisse*（pp. 296 – 297）。

② 马克思的分析是历史的，不仅仅是因为暂时假定资本主义的存在。例如，亚里士多德只能推断价值的本质（参见 *Capital* 1, pp. 151 – 152），与之相比，马克思生活在发达资本主义社会，他能够观察抽象劳动是价值的本质："在现实的经济关系中……而不是在理论家抽象创作的头脑中，把一切现象归纳为'一般劳动'，归纳为没有任何性质差别的一般劳动……价值变成了一个目标，劳动中实现的每件事物都是为了它；它变成了一种'积极形式'、一种具体的普遍规律，统治着每一个个体事物的命运……看起来，把劳动归结为没有差别的东西也是一种抽象，但是真正的抽象——'它存在于社会生产过程中的每一天'……在这里，如此这般出现的一般劳动表现为作为具体的一般实质的劳动，作为每一个个体及其劳作的每一件产品的劳动，作为这种普遍本质的表现形式的劳动。"（Ilyenkov 1982, p. 97）

本关系、剩余价值、竞争、劳动及其产品的分配、非劳动产品的商品形式（如无主的土地和污染权）以及生息资本等。①

（三）资本

马克思表达了由简单商品流通（C—M—C′，商品—货币—另一种商品）到资本循环（M—C—M′，货币—商品—更多货币）的过渡，而这常常被当作纯粹的逻辑环节。例如，穆雷（Patrick Murray）主张：

> 在简单商品流通中……货币想要保持自身为货币，除了跳出流通外别无他途……如果不能通过跳出流通而保持自身，那么货币必定只能在流通中保持自身。由货币到资本的过渡起到的作用就在于此……储存起来以避免流通中的危险，货币总是以确定的、有限的数量存在，这一事实与它的逻辑结果——它是普遍财富的化身——相矛盾……另外，通过把自身当作稳定物价的过程，资本解决了货币停滞的矛盾，例如，通过在流通中增加数量，货币打破了对自身数量的限制。②

在黑格尔辩证法的启发下，穆雷的观点受到误导，误入歧途，因而是错误的（参见本章第二节）。首先，它是被误导的。因为它

---

① 类似的论证参见 Perelman（1987，pp. 198 - 201），Rubin（1975，pp. 109 - 110；1978，pp. 130 - 131）和 M. Smith（1994a，p. 74）。T. Smith（1998，p. 468）的论证是正确的："当我们大步走向更为复杂的资本分类时，我们走向对价值的更复杂的解释、把价值当作具体的普遍，甚至让社会生活的更多维度都服从它……对于马克思……仅仅表明了价值是黑格尔意义上的具体的普遍还不够。他想要解释这种异化力量如何能够主宰社会生活。抽象劳动在这种解释中起了关键作用。"

② 参见 Murray（1998，pp. 177 - 179）。

预设了货币和资本这两个概念是自动的主体,出于纯粹的逻辑命令,使自身在某种程度上成为现实。其次,它是误入歧途的。穆雷忽视了商品、货币和资本存在于其中的社会、经济和历史背景,这遮蔽并贬低了人的作用。最后,它是错误的。因为穆雷把一个事实(货币在数量上是一般的)与一个假设(数量上货币应当变得不受限制)混淆在了一起。①

在《资本论》第一卷第四章中,马克思没从商品概念得出资本概念,没从简单商品流通得出资本流通。他只不过是比较了 C—M—C、M—C—M 和 M—C—M′ 三种流通方式,以便证明商品流通不能系统地增加价值。在这种情况下,交换或"基于异化的利润"不能是剩余价值的来源。换言之,也许有些卖家可以从消费者那里赚取利润,但不可能所有卖家都如此,而且,"基于异化的利润"不能解释资本主义的社会和经济再生产。这个结论导向了对马克思论证的支持,即唯有资产阶级对雇佣劳动的系统剥削才能解释资本的稳定(参见第四章第一节)。② 一言以蔽之,马克思的理论不以概念发展为基础。他使用唯物主义辩证法来研究一个真正的事实:

> 投入资本主义流通的货币,在它的各种变形中带来了回报——剩余价值。那么,人们必须回过头去建立使这一事实

---

① 参见第八章第一节,M. Smith(1994a, pp. 63 – 65),Thompson(1978, pp. 253 – 255),尤其是 Rosenthal(1999, pp. 296 – 300;2000, pp. 505 – 513)。
② 在对资本的分析中,马克思"把(1)资本存在的条件和预设(资本自身的流通能够产生资本)和(2)只属于资本产生历史的资本存在的条件和预设(它们不过是资本主义发展的阶段,会伴随资本的离开而消失)区分开来……当资本发展后,货币也得以加强,在资本家手中起到货币-资本的功能,而且,资本主义价值创造的真正条件也不再被理解为历史的预设,而被理解为特定的资本活动的结果;通过这种方式,资本为自身的进一步存在和增长创造了条件"(Zelený 1980, p. 37)。

成为可能的条件。①

让我们总结一下唯物辩证法的各种原则：唯物辩证法的方法假定了现象受共同本质的制约，是共同本质的存在方式；现象和本质的关系取决于在不同复杂程度上进行着的一系列中介环节，包括社会结构、法律、趋势、相反趋势和偶然性；对具体的理论认识应该从本质开始，并逐步揭示决定了整体中每个部分的意义和价值的中介环节。同样的，历史研究有助于确定具体的真正的（而不仅仅是概念的）结构和矛盾，正是它们的发展塑造着物质现实。② 这种系统程序使现实的重构成为对现象的真正阐释的精神表达。③

形式逻辑使用虽有关联但在本体论上相互独立的概念建构理

---

① 参见 Ilyenkov（1982，p. 282）；还可以参见 *Grundrisse*（p. 776）和 Arthur（2000a，p. 121）。Rosenthal（1997，pp. 161 - 162）也得出了类似的结论："马克思之所以那样表达资本循环，理由不在于这种必然性——价值在商品中克服其纯粹直接的存在……而在于这个更普通的事实——货币实际上就是以所描述的那种方式流通的。马克思注意到这种流通在经验上出现了，并确定唯有价值在自身两个极点之间数量上的变化能推动与之相关联的社会活动（即为卖而买）。那么，他给自己设定的任务是做出解释：通过流通做出的这种浅显的价值论证（1）是如何可能的；以及（2）它是如何与统治着简单商品流通的基本'价值规律'（即商品应当以价值量为基础进行等价交换）相契合的。"

② 马克思在 *Grundrisse*（pp. 100 - 102，107 - 108）和 *Capital* 1（pp. 99 - 102）总结自己的方法。Ollman（1993，pp. 15 - 16），尤其是 Zelený（1980，pp. 86 - 88，222 - 223），讨论了马克思对"矛盾"的理解。对 Ilyenkov（1982，p. 278）而言，唯物辩证法是"关于通过内在矛盾而发展的科学"。他还补充说，"关于解决矛盾的辩证唯物主义方法……就在于紧扣这样一个过程——新的表达形式下现实本身是如何通过自身运动而解决矛盾。客观地说，目标就在于（通过分析新经验材料）紧扣现实的形成，正是在这里，先前确定的矛盾以实现自身的新的客观方式在新现实中找到相应的解决方法"（pp. 262 - 263）。还可以参见 Ilyenkov（1977，pp. 329 - 331）。

③ 对列宁（Lenin1972，p. 196）来说，"真理就是由现象、现实的一切方面的总和以及它们的（相互）关系构成的。概念的关系（＝过渡＝矛盾）＝逻辑的主要内容，并且这些概念（及其关系、过渡、矛盾）是作为客观世界的反映而被表现出来的。事物的辩证法创造观念的辩证法，而不是相反"。（转下页注）

论,仿佛这些概念是乐高积木似的;与之相比,唯物辩证法理论则是完整的整体。这很有吸引力,因为资本主义是个有机的系统。①然而,这种方法使得对新概念的介绍复杂化。仅仅添加新范畴,将已经不再"合适"的范畴取而代之,这已经不可能了。新概念必须从当前存在的范畴出发,引进它们常常需要否定(或者说至少需要改进)当前的范畴。② 正如恩格斯指出的,下列做法将是错误的:

> ……认为人们可以到马克思的著作中去找一些不变的、现成的、永远适用的定义。但是,不言而喻,在事物及其相互关系不是被看做固定的东西,而是被看做可变的东西的时候,它们在思想上的反映,概念,会同样发生变化和变形;它们不能被限定在僵硬的定义中,而是要在它们的历史的或逻辑的形成过程中来加以阐明。③

(接上页注③)更一般地说,列宁(pp. 92 - 93)主张:"逻辑不是关于思维的外在形式的学说,而是关于'一切物质的、自然的和精神的事物'的发展规律的学说,即关于世界的全部具体内容的以及对它的认识的发展规律的学说,即对世界的认识的历史的总计、总和、结论。"

① 参见 *Grundrisse*(p. 278)。对列宁(Lenin1972, p. 183)而言,"逻辑规律是客观事物在人的主观意识中的反映"。列宁在其他地方还补充:"认识是思维对客体的永远的、永无止境的接近。自然界在人的思想中的反映,要理解为不是'僵死的',不是'抽象的',不是没有运动的,不是没有矛盾的,而是处在运动的永恒过程中,处在矛盾的发生和解决的永恒过程中。"(p. 195, 以及 p. 182)

② "否定"(sublate)这个英文词是被当作黑格尔"扬弃"(Aufhebung)的对应词使用的。"取代"(supersede)、"超越"(transcend)等词语在文本中也有类似的作用。参见 Hegel(1991, pp. xxxv - xxxvi, 154)。

③ 参见 *Capital* 3(p. 103)。Groll 和 Orzech(1989, p. 57)的论证是正确的:"马克思的概念就表现和变化来说活力十足。他的范畴很少具有当代经济学家所熟悉、所期待的那种明白无误的含义。相反,它们通常具有辅助性和矛盾性的多种含义。"参见第七章第三节(尤其是第156页注释1~3),Aglietta(1979, p. 16), Arthur(1997, p. 22), D. Harvey(1999, pp. 1 - 3), Lenin(1972, p. 225)和 Zelený(1980, ch. 2)。

具体地说，阿瑟（Arthur）表明了：

> 在辩证论证中，概念的含义是变化的，因为在全局中，任何因素的意义不可能在一开始就被定义好……作为体系的表现，一个概念的原初定义也会随之——通常是朝着更明确的方向——发展为更复杂、更具体的关系，虽然有时候也能看到这个概念在更新、更广意义上的应用。因此，面对适宜的材料，辩证方法仍可以进行彻底的重组，它会更贴近事物的真理。①

总而言之，抽象层次不尽相同的概念必须在辩证理论中共存。分析过程包括引入新概念和在更复杂的层次上改进、再造已有的概念。因此，马克思的概念的意义和重要性取决于分析的层次。②

让我们看一看与一个概念相对简单的形式被扬弃为更复杂形式有关的两个例子。第一，马克思的商品概念在前资本主义生产和资本主义生产之间的变化（参见第三章第二节）。

> 从资本主义生产中出来的商品，与我们据以出发的、作为资本主义生产元素的商品不同。在我们面前的已经不是个别的商品，个别的产品。个别的商品，个别的产品，不仅实在地作为产品，而且作为商品，表现为总产品的一个不仅是实在的、而且是观念的部分。每个个别的商品都表现为一定部分的资本和资本所创造的剩余价值的承担者。③

第二，当马克思引入商业资本的概念时，生产价格的概念和

---

① 参见 Arthur (1998, pp. 11–12)。
② 参见 Fine (1982, ch. 1)。
③ 参见 *Theories of Surplus Value* 3 (pp. 112–113)。

一般利润率的概念变了。

> 商人资本会按照它在总资本中所占的比例，作为一个决定的因素参加一般利润率的形成……这样一来，关于生产价格也就出现一个更确切的有限制的规定。我们仍然要把生产价格理解为商品的价格，即＝商品的成本（商品中包含的不变资本＋可变资本的价值）＋平均利润。但是，这个平均利润现在是由另外的方法决定的。它是由总生产资本所生产的总利润决定的……所以，生产价格或者说产业资本家本人出售商品的价格，小于商品的实际生产价格；或者，就商品的总体来看，产业资本家阶级出售全部商品的价格，小于这全部商品的价值……我们以后要在上述这个更确切的意义上使用生产价格这个用语。①

第二节　马克思、黑格尔和"新辩证法"

马克思方法的黑格尔式解读，即所谓"新辩证法"，最近在学者当中很流行。② 借助本章第一节对唯物辩证法的解释，这一部分对所谓"新辩证法"做出批判性评论。

"新辩证法"不是一个思想流派，而是用来解释马克思著作的黑格尔式方法。这种方法受到列宁名言的启发：

> 不钻研和不理解黑格尔的全部逻辑学，就不能完全理解

---

① 参见 Capital 3 （pp. 398 - 399）。
② Arthur（1993b）发明这个词用以描述 Murray（1988）、Shamsavari（1991）、T. Smith（1990）等人的著作。这种灵感更早的来源是 Lukaács（1971）。还可以参见 Albritton（1986, pp. 179, 181 - 186）, Banaji（1979）, Fraser（1997），以及 Reuten and Williams（1989）。

马克思的《资本论》，特别是它的第 1 章。因此，半个世纪以来，没有一个马克思主义者是理解马克思的!!①

"新辩证法"的建构有两个原则。第一，黑格尔和马克思都使用了一个类似的方法，故当他们的方法缺少相似性的时候，应当沿着黑格尔的路径重构马克思的著作。② 第二，《资本论》被建构成了一个有机范畴系统，理当如此。在这个系统中，详细的阐述从这样一个初始范畴开始，即

> 最简单最抽象的范畴，该理论的其他范畴都可以从它推导而来……它必须是内在于那种理论的最抽象最简单的决定因素。③

随着分析的复杂程度不断提高，初始系统中矛盾和缺陷的发展客观上"呼吁"其他概念和范畴进入该系统。每个概念和范畴都应该源于这个程序，与查探结构相关的外部假设、假设中每个概念的作用以及概念之间的相互关系，最终必定找得到根据。④ 换言之，如何陈述纯粹是出于逻辑标准，陈述的体系结构取决于范

---

① 参见 Lenin (1972, p. 180)。面对这令人畏惧的任务，Murray (1988, p. 57) 补充说："彻底的理解《资本论》要求研究黑格尔哲学青年黑格尔派的哲学以及马克思对思辨思维的整个循环的批判。"理解《资本论》所必需的这一层层叠加的哲学前提令人遗憾，它们在读者和马克思的文本之间竖立起层层障碍（参见 Mattick Jr. 1993, p. 116）。

② "正是从黑格尔学到的这些东西，使得《资本论》如此伟大"（Murray1993, p. 37）；《资本论》中也能找到与其思想体系实际上不相容的因素，这主要是由于这个事实——马克思与古典政治经济学的决裂并不彻底。无法对整个《资本论》进行系统的辩证式阅读。然而我相信，这种阅读确实抓住了这部著作的脉络"（T. Smith1993b, p. 25）。

③ 参见 T. Smith (1990, pp. 45 – 46)。还可以参见 Reuten and Williams (1989, pp. 19 – 20)；对于另一种黑格尔式的看法，请参见 Banaji (1979)。

④ 参见 Arthur (2000a, p. 106)，Reuten (1993, pp. 92 – 93)，Reuten and Williams (1989, pp. 4, 21 – 22) 以及 T. Smith (1990, p. x; 1993a, p. 115; 1993b, p. 20)。

畴的体系。

通常来讲，陈述是一种逐渐的超越，由运动中抽象的决定到具体的决定，即具体化。通过超越先前抽象决定中的矛盾，通过提供先前抽象决定中更具体的基础，陈述不断前进。[①]

重复这个程序，就让我们在智力中重构具体。

有鉴于已经发展了的整个范畴系统，需要被表述的存在的所有条件都已经被理解了；唯有此时，陈述才算结束。各种形式在自身内就包含这些条件，并且通过自身的有效性而创造这些条件……建立在这种基础上的整体性就是自足。[②]

"新辩证法"并不认可这一点——研究具体的历史发展有助于在思想中重构具体（在这种重构中陈述方式和具体的历史发展之间的不同是不相关的）。[③] 因此，《资本论》评述资本主义历史的这些部分，仅仅被算作说明性的材料。尽管这些部分可能有助于证明对范畴的分析，但是，它们在《资本论》中没起到实质性作用。

---

① 参见 Reuten and Williams（1989，p. 22），还可以参见 Arthur（1993a，p. 67），Campbell（1993）和 T. Smith（1990，p. 13；1997，p. 191）。T. Smith（1998，pp. 464-465）试图使用八个层次的抽象及其混杂结果重构《资本论》。
② 参见 Arthur（1993a，p. 67），还可以参见 Reuten and Williams（1989，pp. 5-23）。
③ 对 Reuten and Williams（1989，p. 34）来说，"历史在解释存在为何产生的时候很重要，但是，它不能解释存在物为何是'如此这般的样子'，不能解释存在物作为有内在联系的整体是如何再生产自身的"。还可以参见 Arthur（1992，p. iii），Murray（1988，p. 182）和 T. Smith（1993a，p. 102）。

这种方法简单却有吸引力，而且本章第一节表明马克思在《资本论》和其他地方使用了类似的程序。然而，虽然"新辩证法"能够为目前的分析——马克思著作的结构和内容——补充很多东西，但是它有四个明显缺陷，这使得对马克思方法的这种解释不充分，而且时不时会误导人。

（一）必然性

"新辩证法"没有证明两个不同概念（当使用它们中的任何一个作为起点时）的展开必然会引向截然不同的结果，至少其中一个在分析上是无法接受的。在《资本论》的背景中，如果展开另一个概念（而非商品概念）也能导向在智力中重构资本主义，那么选取商品概念作为本书的起点就并非天经地义的。在这种情形下，这种预设——《资本论》是系统的辩证推论的产物——就很成问题。①

（二）自足性

这种论证——选择正确的起点和系统的范畴推论就足以重构具体——从未得到过证明，其中的困难也许可以表达如下：如果一个相对抽象概念的展开，例如"正确的"始点，并不会引出对分析而言必要的概念，或者说，如果表述要求周期性地吸纳社会的和历史的因素——它们不可能来自逻辑结构自身以内，那么，"新辩证法"的一些核心主张就会被严重削弱。"新辩证法"的缺陷可以用以下三点来说明。第一，纯粹逻辑性地从《资本论》第一卷第一章出现的价值形式推导出当今处于支配地位的不可逆的纸币（参见第八章第二节），这是不可能的。第二，关于国家起源

---

① 参见 Saad - Filho（1997c）。

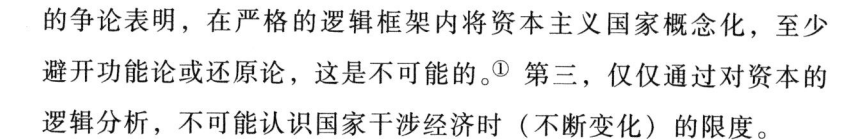

的争论表明,在严格的逻辑框架内将资本主义国家概念化,至少避开功能论或还原论,这是不可能的。① 第三,仅仅通过对资本的逻辑分析,不可能认识国家干涉经济时(不断变化)的限度。

(三) 结构和环境

相关具体范畴源于更抽象的范畴,仅仅从这方面重构具体是有局限性的,因为系统的分析是独立于背景的,而具体既取决于结构和趋势,又取决于主体、相反趋势、背景和偶然性。② 趋势系统地产生于系统结构,而相反趋势能够引起任何程度的抽象,并且它能改变任何程度的范畴的意义。③ 因此,即使上述批判并不成立,即使"新辩证法"能够抓住资本主义在结构上的决定因素,但它忽略了具体的历史性决定因素,也使它无法解释相反趋势,无法解释趋势与相反趋势相互作用的背景。④ 若想做到这一点,只能靠从范畴系统外部吸取历史材料,这是"新辩证法"通常不愿

---

① 参见 Clark (1991), Holloway (1994) 和 Lebowitz (1994)。
② "马克思对概念极度谦恭,这使他认为'偶然性'极为重要。也许偶然性在抽象的概念分析中尚未有一席之地,但它由于其历史实在性而具有真理性,而且,它的具体性必定融入了社会对象的充分发展之中。"(Fracchia and Ryan 1992, p.60)
③ 在对利润率下降趋势的分析中(*Capital* 3, part 3),马克思证明这种抽象的趋势并不意味着这种趋势的实际存在,因为具有不同程度的影响力的一些相反趋势也影响利润率(参见 Fine 1989, ch.10; 1992; and Reuten 1997)。
④ 出于类似的理由,Thompson (1978, p.253) 批判了 Althusser 的著作,因为对 Althusser 来说,"一旦资本已经在这个阶段出现,资本的自我发展就取决于范畴内固有的逻辑,各种关系也就得到了保证……资本是个运转着的范畴,规定了自身发展的规律,而资本主义就是这些规律的社会形态的效果。这种分析方式必定是反历史的……这是在唯物主义中发现的思维的极端方式,因为资本已经变成了观念,它在历史中不展开自身"。还可以参见 Thompson (1978, pp.275-276, 290, 345, 355), Albritton (1999), Bonefeld (1992), Callari and Ruccio (1996), Holloway (1992) 和 Resnick and Wolff (1996)。

做或做不到的。因此,"新辩证法"通常不能精确地解释资本主义的结构,不能解释经验的分析。①

(四) 唯心主义

"新辩证法"是唯心主义的,因为它主要关注具体决定因素中的逻辑结构而不是物质结构。分析地看,这种黑格尔主义的方法不健康而且具有潜在的误导性,因为它"使逻辑具体化或使经验逻辑化(这二者是一回事)"。②

> 这已经成为一种时尚:"重构"《资本论》时,试图把它当作一个与"辩证的三段论"相纠缠的完整系列,仿佛若不诉诸某种"逻辑",所谈论的《资本论》中的证据就是不完整、不自足的(而这种"逻辑"在那种谈论中恰恰是找不到的);仿佛马克思的分析被迫服从一个由"逻辑"要求决定的概念序列,而不是适合做出分析的概念序列决定于这个要求——把握其特殊的主观材料。这种做法的不明智之处恰恰在于那种呆板的要求——预先给定物质材料,这一点使马克思从一开始就明确反对黑格尔式哲学。③

---

① 批判 T. Smith (1999b, p. 166) 的主张 ("系统的辩证法历史的理论化之间存在着不可逾越的鸿沟") 时,Fine, Lapavitsas and Milonakis (2000, p. 136) 的论证是正确的:"新辩证法"忽略了历史,这"赋予理论家在解释具体历史现象时以无限自由。果真如此的话,做出的任何解释都能与(指向这同一个现象的)任何一般理论相符合……我们相信这种企图——在逻辑和历史之间钉一个楔子——是一种深层的误导。相反,逻辑应当利用历史的具体形式,正是在这种具体形式中,资本的积累得以实现"。
② 参见 Rosenthal (1997, p. 113)。
③ 参见 Rosenthal (1997, p. 141),还可以参见 pp. 151 - 152。Mattick Jr. (1993), Psychopedis (1992) 和 T. Smith (1990a) 温和地回应了 Rosenthal。

第一章 唯物辩证法

黑格尔是辩证法的创建人之一，而马克思"公开承认我是这位大思想家的学生"。① 虽然敬佩黑格尔，但马克思仍给黑格尔以沉重的抨击。

> 我的辩证方法，从根本上来说，不仅和黑格尔的辩证方法不同，而且和它截然相反。在黑格尔看来，思维过程，即甚至被他在观念这一名称下转化为独立主体的思维过程，是现实事物的创造主，而现实事物只是思维过程的外部表现。我的看法则相反，观念的东西不外是移入人的头脑并在人的头脑中改造过的物质的东西而已……在他那里，辩证法是倒立着的。必须把它倒过来，以便发现神秘外壳中的合理内核。②

黑格尔的体系是唯心主义的。第一，对他而言，概念的存在不依赖于物质环境（或者说不依赖于具体中的真实关系），尤其是，具体的普遍

> 仅仅作为一个概念而存在，仅仅存在于思想中，绝不存在于"外部现实"中。因此，黑格尔相信唯物主义不可能是哲学（因为哲学是关于普遍的科学，对黑格尔来说，普遍的

---

① 参见 *Capital* 1（pp. 102 – 103）。
② 同上。这里的批判是在重复以前的著作，例如："黑格尔陷入幻觉，把实在理解为自我综合、自我深化和自我运动的思维的结果。"（*Grundrisse*，p. 101）又或者"重要的是黑格尔在任何地方都把观念当作主体，而把本来意义上的现实的主体，例如，'政治信念'变成谓语"（Marx1975，p. 65）；还可以参见 pp. 61 – 73，80 – 82，98 – 100。T. Smith（1993a，pp. 47，76 – 77）论证，马克思误读了黑格尔。Rosenthal（1997）花大力气证明了 T. Smith 的主张不正确。Bradby（1982，pp. 131 – 132）对黑格尔式马克思主义的神秘方面提出了尖锐的批评。

是思想，而且只能是思想）。①

第二，黑格尔相信"在最终的分析中，具体是思想的产物"。②与之相比，对于唯物辩证法，概念的起源就在于确定现实存在的本质、概念和思辨，以便在思想中重构那些物质现实中的结构（参见本章第一节）。

> 理论抽象的过程必须以历史性观察为基础，必须能以自身的力量确证对历史性经验的认识和理解。③

因而结论是马克思的方法并不以概念的起源为基础。例如，马克思毫不含糊地说：

> 我不是从"概念"出发，因而也不是从"价值概念"出发……我的出发点是劳动产品在现代社会所表现的最简单的社会形式，这就是"商品"。我分析商品，并且最先是在它所表现的形式上加以分析。在这里我发现，一方面，商品按其自然形式是使用物，或使用价值，另一方面，是交换价值的承担者，从这个观点来看，它本身就是"交换价值"。对后者

---

① 参见 Ilyenkov (1982, p. 82)。
② 参见 Ilyenkov (1982, p. 28)。"黑格尔的逻辑把思想的基本范畴当作纯粹的、不依赖于任何偶然的经验实例的范畴。他把基本范畴表述为系统地组织起来的，由简单的抽象范畴到更复杂的范畴，因而也是更具体的范畴。这个范畴系统是'自我发展的'，一个范畴必定引发另一个相反的或更加综合性的范畴，直到获得最为综合性的范畴——绝对理念。黑格尔是个绝对唯心主义者，只要他认为他已经证明了这种关系必定在真实世界中得以产生并得到发展。"(Auther 2000a, pp. 107 - 108) 还可以参见 Arthur (1993a, p. 64)，Ilyenkov (1977, essays 5 and 7), Murray (1988, p. 116), Rosenthal (1997, pp. 151 - 152), Rubin (1975, pp. 91 - 92) 以及 Zelený (1980, p. 64)。
③ 参见 Bharadwaj (1986, p. 5)，还可以参见 *Grundrisse* (p. 90)。

的进一步分析向我表明，交换价值只是包含在商品中的价值的"表现形式"，独立的表达方式，而后我就来分析价值。①

纯粹的概念推理有局限性，因为它无法解释为什么分析者头脑中有效的那些关系，在现实世界中必定同样有效。更宽泛地说，"新辩证法"是不自足的而且潜在地具有误导性，因为即便具体以历史性为基础并且具有偶然性，"新辩证法"也渴望通过单纯的概念来重构现实。唯有历史性分析也属于一种论述方法，才能够对具体加以分析。避开了这种联系，"新辩证法"就不能解释具体，正如它不能证明概念的必然性。② 换言之，"新辩证法"最大的缺点就在于未认识到这一点：要求复杂概念从简单概念的矛盾中来，这并非马克思方法论的唯一特征，亦非最重要的特征。相反，最重要的东西莫过于新概念和新材料为何、如何以及何时被吸收到分析中，以使它变得更丰富、更稳定、更能够重构具体。

尽管"新辩证法"对理解马克思的方法及著作内容有很大帮助，但这仍不足以把握具体的价值或《资本论》的价值。

第三节 结论

本章用唯物辩证法的原则解释了《资本论》和其他著作中马

---

① 参见 Marx（1989，pp. 544-545），还可以参见 p. 547。
② "黑格尔倾向范畴由于自身的不稳定性而产生和衰亡；只要它们仍旧是思想，那就是某种'主观心灵'。他的逻辑的这种客观主义倾向得到进一步强化，因为其真理既是本体论的又是逻辑的。逻辑的连贯性同时也是现实的连贯性。"（Arthur 1993a, pp. 67-68）还可以参见 Albritton（1999, p. 57），Colletti（1972），Fracchia and Ryan（1992, p. 59）和 Lenin（1972, pp. 88-97, 146-147, 167-171, 177-180, 187, 190）。

克思的方法。这种方法用辩证法确定具体的本质特征及其真正的矛盾,以便解释历史变化中的实在和潜能。对唯物辩证法而言,认识到这个事实——历史和逻辑是不可分割的——并非对经验主义的让步,它是这一事实——不可能把现实简单归纳为概念——的必然结果。本章把这种观点与另一种黑格尔式的观点(所谓"新辩证法")进行比较,"新辩证法"把马克思的方法理解为随着思维的辩证过程而展开的机械论方法,其进展在很大程度上不依赖决定了具体的现实结构。

然而,马克思的方法主要是一个灵活的研究工具,它不存在于"新辩证法"的"纯净的"领域。斯科特(Scott)的论证是正确的,试图把马克思的方法归纳为一些原则(像一些书中所讲的形式逻辑)是不恰当的。

>……因为它把具体内容压缩成了空洞的形式……辩证法的形式和内容不能脱离一般的社会存在和具体的社会斗争……辩证法只被用作"陈述的方法",而且与恩格斯不同,马克思不接受这种观念——一种普遍且内在的辩证法。[①]

在两种意义上,唯物辩证法为分析资本主义提供一个特定背景的平台。第一,它具有历史局限性,因为现象及其本质随着时

---

① 参见 Scott(1999, pp. 3, 409);还可以参见 p. 61 和 Mattick Jr.(1993, p. 121)。同样的,Thompson 论证:"我们常常被告知马克思有一个'方法'……而且,这个方法是马克思主义的本质。既然如此,那就很奇怪了——马克思从未把这个本质写出来。马克思身后留下了很多记录本,他可不是一个没有自我意识的、不负责任的智力工作者。如果他果真发现了宇宙的线索,他一定会抽出一两天时间把这些线索写下来。也许我们得出的结论是:之所以没被写下来是因为它不能被写下来,就像莎士比亚和司汤达不能把他们的艺术作品压缩为一个线索。辩证法不是一个方法而是一个实践,而且是通过身体力行习得的实践。因而,在这种意义上,辩证法绝不能被写在纸上,也不能通过死记硬背而习得。"

间变化而变化;第二,它的分析通过逻辑推导和有规律地吸收历史材料而展开。唯物辩证法意识到:科学研究的要求是——不仅要熟悉相关的主题(历史地存在的实体),还要如此这般地运用分析方法,以便最有效地揭示与实体相关联的结构、趋势和相反趋势。①

---

① Arthur(1993a,p.63)的主张是正确的:"科学所使用的逻辑必须适合研究对象的具体特征。"

第二章　理解马克思的价值理论

本章批判性地评述对马克思价值理论的两种理解：第一种是"物化劳动"（embodied labour）的观点，包括"传统的"马克思主义和斯拉法的方法；第二种是价值形式理论（value form theories）的观点，包括鲁宾（Rubin）的观点和迪梅尼尔（Duménil）、弗里（Foley）所发展的"新解释"的观点。

这些理解的不同很大程度上源于对价值关系的认知不同。前一种观点主张价值是物化在商品中的平均劳动时间，后一种观点论证价值是货币体现出的对社会劳动的控制。对价值关系的不同认知，对价值分析的作用、意义和重要性的不同理解，以及对资本主义的本质和合法性的不同观点，都有助于解释为什么过去一百多年对马克思的理论有着激烈的争论。

本章并不会全面审视对马克思价值理论的理解。[①] 本章的目的不过是勾勒出最具影响力的两种理解及其分支，并且批判性地澄清它们对马克思主义政治经济学发展的贡献。本章分为三个部分：第一部分就传统上对马克思的理解和斯拉法对马克思的理解分别

---

① 对马克思价值理论的全面审视请参见 Desai（1989，1992），Dostaler and Lagueux（1885），Elson（1979a），Fine（1986a），Fine and Harris（1979），Foley（2000），Freeman and Carchedi（1996），Howard and King（1989，1991），Saad-Filho（1997a），M. Smith（1994a）和 Steedman（1981）。

展开评述；第二部分分析价值形式理论，包括鲁宾传统和"新解释"；第三部分得出主要结论。

第一节 物化劳动的理解

关于马克思思想的最有影响力的一些解读认为，价值是生产时物化在商品中的劳动。这种解读把抽象劳动定义为具体劳动的对立面，它是由活动方式抽象而来的一般劳动。① 这一节只考察传统观点和斯拉法的观点。

一 传统马克思主义

依照"传统的"理解，马克思的价值理论本质上与李嘉图的价值理论并无不同，可以这样总结它：

(1) 价值理论的主题在于分析资本主义的剥削。《资本论》第一卷前三章展开的范畴（商品、价值和货币）与这个主题只不过是间接的联系，因为它们属于更宽泛意义上的生产方式；尤其是简单商品生产中，资本剥削没有存在的必要。

(2) 价值概念对确定剥削率是必要的。这种解读关注价值的量级，价值被定义为物化在每件商品中的抽象劳动的数量。价值的实质和形式，以及价值与货币的关系，被大大地

---

① 例如，Hodgson 论证，对李嘉图（Ricardo）和马克思而言，"一件商品的物化劳动价值是这样定义的：某一生产过程的总产量的全部物化劳动价值，等于总投入的所有物化劳动价值加上所雇佣的必要的社会活劳动的价值"。还可以参见 Böhm - Bawerk（1949，p.109），Garegnani（1985），Meek（1973，pp.164 - 165），Morishima（1973，p.15）和 Nuti（1977）。

忽略了。

（3）利润分析要求确定商品（包括劳动力）的价格。这是通过一系列假设（通常包括一般的均衡）完成的，例如简单再生产。结果，价格仅仅是一个计价标准（numéraire）。因此，货币理论是不必要的，货币是一件有效的面纱。

（4）相对价格的确定分两步：第一，通常的假定是，所有资本的价值构成是一样的（参见第六章）。在这种情况下，交换率只取决于物化劳动。第二，价值构成可以有变化。在这种情况下，相对价格与物化劳动率有不同之处。通常的假定是后者决定前者。

（5）概念工具是基础性的。商品是用来出售的使用价值；价值经常被混同于交换价值，而价值和价格的关联则很不清晰（虽然假定了它们在数量上可以做比较）。

（6）对分析层次和（趋势、相反趋势以及偶然性之间的）交互作用的区分，则关注很少。可以说理论抓住了资本主义的基本趋势，并期望把这些趋势转变成经验性的结果。[①]

传统方式很有价值，尤其是它关注剥削方式。这与马克思本人的关切相一致，而且它强调了马克思的某些最独特的贡献。它还有助于对流通结构和分配结构的批判，如个人财产和市场。然而，传统马克思主义有两个重要缺陷：第一，它没把对生产方式的分析和对产品的流通、分配的分析联系起来，这极大地夸大了

[①] 参见 Dobb（1940，1967），Meek（1973）和 Sweezy（1968）。Arthur（1997），Postone（1993，ch.2），T. Smith（1998），de Vroey（1982，尤其是 1985）和 Weeks（1981，chs.1–2）对这种方式做了批判性评述。对这种解读相关的批判，参见 Chattopadhyay（2000），Pilling（1980，p.57），Roberts（1987）和 Roosevelt（1977）。

它们的独立性;① 第二，传统马克思主义错误地认为，马克思通过对商品、价值和货币的分析提出了一系列商品生产方式，尤其是简单商品生产（simple commodity production，SCP），而且他对资本主义的分析从《资本论》第一卷第四章才开始（参见本章第二节和第三章第一节）。在这种情况下，存在两组相对价格：一组以物化劳动为基础，它统治着前资本主义的交换；另一组以同等的利润率为基础，它规定着资本主义的交换（参见第七章）:

> 在特定条件下，即前资本主义社会独立的小生产者盛行（马克思称之为"简单商品生产"），等价交换是法则。如果在资本主义条件下有更复杂的关系决定着数量交换关系，那么，这并不能构成一种以价值的决定因素为基础的经济理论，不能提供一个清晰且一致的、由价值得出价格的方法。②

也许这些阶段之间的过渡是一个历史过程。在这个历史过程中，两种相对价格（价值和产品价格）的转化能够得到历史的和代数的分析。③ 从逻辑和历史上看，这种方式是错误的。价值的一

---

① 马克思解释了生产、流通和分配的关系（*Grundrisse*，pp. 88 – 99 and Marx 1974，p. 38）；还可以参见 Engels（1998，pp. 238 – 239）。
② 参见 Winternitz（1948，p. 277），还可以参见 Morishima（1974，p. 624）和 Sweezy（1968，chs. 2，4，7）。
③ "'价格来源于价值'（derivation of prices from values）……这种来源必定被看作兼具历史性和逻辑性的过程。'从价值得出价格'（deriving prices from values）时，我们实实在在地（以逻辑的和简洁的形式）在我们心灵中重述在历史中真实发生过的一个过程。马克思从这个假设开始：在资本主义条件下商品'依照其价值'出售（以致不同生产部门的利润率差别很大），不仅因为从逻辑的观点看这是恰当的起点，而且因为他相信从'起源上'看实情就是如此。在这个基础上，他进一步把价值转化为价格，不仅因为这个进程显现出逻辑的必然性，还因为他相信历史本身影响了这种转化。"（Meek1956，pp.（转下页注）

般交换从没有存在过,因为通常唯有在资本主义条件下产品才变成商品。再者,第一章第一节已经表明,尽管马克思经常利用历史性研究解释重要范畴的一些难点或演进,但是在《资本论》中他系统地分析过的唯一的生产方式是资本主义。因此,也许商品、价值和货币已经存在了上千年,但《资本论》只关注它们在资本主义条件下的决定因素,不可能由《资本论》系统地推断出商品、价值和货币在其他生产方式下的意义和重要性。①

上述错误想法推动了传统马克思主义转化为"李嘉图式的马克思主义"。然而,这种立场是站不住脚的(参见第八章第一节)。② 马克思很难把自己的观点与李嘉图的观点区分开来,而且在他的大部分著作中,马克思严厉谴责李嘉图在方法论及其他方面的错误。尤其是马克思还论证:李嘉图的方式并不充分,因为它不能解释货币和商品的关系、抽象劳动和价值的关系,以及劳动方式和资本主义条件下的剥削关系。③

(接上页注③)104-105)还可以参见 pp. xxiv,152,180-181,241-242,303-305。这种观点利用了恩格斯(Engels 1981)的看法。相关的批评,参见 Catephores(1986)和 Fine(1986b);还可以参见 Brenner(1986)和 Milonakis(1990)。

① 参见 Albritton(1986,pp. 18-19)和 Reinfelder(1980,p. 13)。
② 对马克思的"李嘉图式"理解受到了下列学者们的激烈批判:Faccarello(1986),Ganssmann(1986),Gerstein(1986),Shaikh(1977,1981,1982),Freeman and Carchedi(1996),以及 Mandel and Freeman(1984)。
③ "把马克思的价值理论当作剥削的证据,是对价值的去历史化,是使价值成为劳动时间的同义词,是使马克思的区分——区分剩余劳动和剩余价值——成为画蛇添足。想要知道剥削是否存在,我们必须审视所有权和对生产方式的控制,必须审视逐步确定工作日长度的过程……马克思关心资本主义下剥削所采取的具体方式……因为在资本主义下,剩余劳动不可能以直接劳动产品的形式被占有。那种劳动产品必须被出售而且转化成货币。"(参见 Elson 1979b,p. 116)还可以参见 Fine(1982),Postone(1993,p. 54)和 Rubin(1979,part 4)。

二 斯拉法的分析

对传统马克思主义的缺陷不满意,这导致两种替代性方法的发展:斯拉法(或新李嘉图主义)的方法和价值形式理论(参见本章第二节)。利用鲍特凯维兹(Ladislaus von Bortkiewicz)、德米特里耶夫(V. Dmitriev)、塞顿(F. Seton)、斯拉法(P. Sraffa)和巴拉诺夫斯基(Tugan - Baranowsky)的著作,帕西内蒂(L. Pasinetti)和斯蒂德曼(I. Steedman)发展并解释了斯拉法的方法。① 斯拉法试图发展传统模型,他关注价值和价格系统是如何联系起来的。② 斯拉法方法的主要特征是这样的:

(1)只详细讨论价值的大小,价值的实质和形式几乎被弃于不顾,其分析通常包含两组平衡:价值系统的平衡和价格系统的平衡。

(2)价值系统是由这个公式描述的:$\lambda = \lambda A + l = l(I - A)^{-1}$,即当 λ 是商品价值的矢量($1 \times n$)时,A 是技术矩阵($n \times n$),l 是直接劳动的矢量($1 \times n$)。

---

① 参见 Bortkiewicz(1949,1952),Dmitriev(1974),Hodgson(1973,1981),Pasinetti(1977),Seton(1957),Sraffa(1960),Steedman(1977,1981),Sweezy(1968, ch. 7)和 Tugan - Baranowsky(1905);还可以参见 Shibata(1933)。相关的批判性评述,可以参见 Ramos - Martínez and Rodríguez - Herrera(1996)。Haberler(1966)和 Samuelson(1957,1971,1973,1974)的结论与斯拉法的结论实质上是一样的。
② 斯拉法的发展早期受到传统马克思主义者的欢迎:"我想大张旗鼓地说,这种研究应该在一个极不相同的概念框架内进行——斯拉法在其著作《用商品生产商品》中提供的方法……我将试着证明现代的马克思主义者是如何采纳并使用这个体系的相关基本因素的。"(Meek 1973, p. xxxii)还可以参见支持 Bortkiewicz 的著作时,Dobb(1943)的表述。

(3) 价格系统是由这个公式描述的：$p = (pA + wl)(1 + r)$，即当 p 是价格矢量 $(1 \times n)$ 时，w 是工资率，r 是利润率。

(4) 由于这个分析主要关注价值和价格系统的关系，货币没有丝毫自由，通盘考虑，它只不过是个计价标准（numéraire）。[①]

(5) 价值和价格的这些定义，构成了一系列广泛批判（所谓马克思的思想前后矛盾）的基础，并导向这种结论——传统马克思主义的做法（从物化劳动确定价值）并不完美。简要地说，第一，价格系统有两种程度的自由，由于它有 n 个等价物，每件商品都可以作为等价物（但 $n+2$ 是未知的），所以价格、工资和利润率的表达方式可以有 n 种。因此，（已知矩阵 A 运转良好）解决了价值系统时，唯有引进额外的限制条件，例如把劳动力价值等同于一束货物的价值（工资就是这束商品的价格；参见第四章第二节），又或者引入一个规范化的条件，例如马克思的总数均等（要么总价格等于总价值，要么总利润等于总剩余价值，参见第七章），才能解决价格系统。然而，另一个总数均等并不总是成立的，据称这会破坏马克思的分析。[②] 第二，斯拉法对马克思的表述无法把劳动与其他的投入区分开，在这种情况下根本无法争论究竟是劳动还是其他的投入（例如，玉米、钢铁或能力）在创造价

---

① 例如，Hodgson（1981，p. 83）说："虽然斯拉法的系统与一般的均衡系统（例如瓦尔拉斯均衡），乃至与冯·诺依曼模型具有概念上的不同，但它们有个共同点：它们都不包括货币。Clower 已经证明了货币无法被引入一个固定状态的均衡模型里。"

② 从传统视角对这些困难的评述，参见 May（1948），Meek（1956），Seton（1957），Sweezy（1968，ch. 7）和 Winternitz（1948）。

值,在受到剥削。① 第三,即便劳动确实创造价值并受到剥削,劳动和价格之间唯一有意义的关系也来自这个命题——绝对剥削率是净利润的必要和充分条件,这在经验上丝毫不重要。②

间接地看,斯拉法的分析对马克思主义研究中生产方式与分配结构之关系的研究意义重大。然而,斯拉法的方式在一些方面并不充分,他对马克思的批判受到了令人信服的驳斥。③ 接下来,简要地评价一下斯拉法对马克思的批判中的两个方面:价值方程的缺陷,以及他无力对资本主义生产关系做出令人满意的表述。

价值方程 ($\lambda = \lambda A + l$) 规定了商品的价值等于投入的价值 (λA) 加上生产商品所必需的活劳动的价值 (l)。虽然这个方程正确表达了马克思对价值的定义(参见第五章),但是,它并不适合商品价值的计算。让我们分析为何如此。

简单起见,无论平均生产技术是怎样被决定的,我们都假设矩阵 A 表达了平均生产技术。同样的,让我们假设矢量 l 表达了(从事印刷、建筑、组装等工作的)把投入转化成产品所必需的个

---

① Brödy (1974), Dmitriev (1974), Hodgson (1981), Vegara i Carrio (1978) 和 Wolff (1984) 提出了这种论证:任何商品都有可能受到"剥削"。在这种方法里,持异议者通过(由劳动力的非商品方面而来的)体系的不对称,以图挽救劳动的角色(例如 Bowles and Gintis 1981)。至于相关的批判,参见 Glick and Ehrbar (1986 – 87) 和 M. Smith (1994b)。

② 参见 Morishima (1974);与此相关的批判,参见 Mohun (2000) 和 Naples (1989)。

③ 对斯拉法的详细批判,参见 Fine (1980), Fine and Harris (1979, ch.2), Gleicher (1985 – 86), Goode (1973), Kliman and McGlone (1988), Ramos - Martínez and Rodríguez - Herrera (1996), Rowthorn (1980, ch.1), Savran (1979, 1980, 1984), Schwartz (1977), Shaikh (1977, 1981, 1982, 1984), M. Smith (1994a, pp. 77 – 94) 和 Yaffe (1974)。

别劳动时间的平均值。即便在最大胆的假设下，矢量 l 也不能直接被用来计算生产出来的价值，因为这个矢量测量的是具体劳动而非抽象劳动。由于这些劳动性质不同，通过它们进行的任何操作都没有意义。① 同样的道理，不同实践活动中的雇佣劳动（无论它们有没有融为一体），由于所受训练和其他方面的不同，有可能每小时生产出不同的价值量，例如，设计汽车并为之喷漆，或者新建房屋并为之装修（参见第五章第三节）。

相反，假设 l 是抽象劳动的矢量。② 尽管这能避免前文指出的问题，但仍不能把价值矢量纳入计算。因为这种预设有一层隐含的意义：为了计算生产每件商品所必需的抽象劳动（λ），人们需要知道多少个小时的抽象劳动是生产每件商品所必需的（l）。由于它含有同义反复，所以，l 是抽象劳动这个假设不能决定价值的数量。③

这些缺陷预示了斯拉法无力抓住资本主义生产关系的本质和资本主义生产方式的具体特征（参见第一章第一节和第三章）。④

---

① "要点不在于物化劳动这个概念不包含任何抽象劳动，而在于它不是对应于某段历史进程的社会的抽象；它是随机的，是为了思维的方便：当劳动显然并非同质的时候，它假定劳动是同质的。"（Himmelweit and Mohun 1978, p. 81）还可以参见 Weeks（1982b, p. 65）。

② 例如，Steedman（1977, p. 19）假设所有劳动都是简单的，并且拥有同等的强度，接受相同的训练，"因此在劳动时间上的每一次个人花费，都是社会必要劳动时间的花费"。

③ "在劳动过程中寻找优先的技术投入（这种投入决定了产品的价值），这种做法来自对'什么是价值'的误解。抽象劳动不是优先投入生产中的东西，因为抽象劳动根本就不是投入生产中的东西……它（作为价格标签）依附在产品上，只是因为在一个商品生产的社会中具体的社会关系。"（Glick and Ehrbar 1986 – 87, p. 472）还可以参见 p. 465, Ilyenkov（1982, pp. 87, 284），Lipietz（1985b, p. 90），Mattick Jr.（1991 – 92, p. 58）和 Shaikh（1981, 1982）。

④ 在这方面，Rowthorn（1980, ch. 1）所做的批判异常尖锐。

斯拉法的体系是这样的：生产就像一个纯粹的技术过程，它不一定就是资本主义式的。在这种情况下：第一，资本只不过是使用价值的聚集，而不是生产的社会关系的聚集；第二，价值的实质（即抽象劳动）无法与具体劳动时间的平均值区分开来；第三，通过剥削率，生产的社会层面要么被假定游离在分配领域之外，要么被投射到分配领域。总而言之，一个"社会过程被技术系数和不同社会阶层分配产品时的社会关系所取代"。①

斯拉法模型甚至没有内部的一致性。它预设了生产的技术关系与价值系统、价格系统无关，而且暗示了价格矢量的计算以价值量为必要条件，而不是相反。既然情况并非如此，价值分析就是多余的。这是错误的，原因在于：第一，它歪曲了马克思的论证（参见第七章）；第二，生产结构是由社会而非技术决定的。在资本主义条件下，竞争决定了劳动分配手段和生产手段，决定了生产的数量和技术，在这种情况下，与技术和价格相比，价值关系只是偶然的决定因素。② 因此，"劳动价值论并不多余，它提供了对价格的解释，这正是斯拉法本人的阐释中所缺少的东西"。③ 总的来看，斯拉法的各种解释不能把资本主义与有同等回报率的其他社会区分开。它们不能解释资本主义的社会关系、剥削、收入分配、经济数据的来源和竞争过程，最严重的是，它们不能解释价格形式。④

---

① 参见 Yaffe（1974，p. 31）。
② 参见 Shaikh（1982，pp. 71-72）。
③ 参见 Gleicher（1985-86，p. 465），还可以参见 Lee（1993，p. 464）。
④ 参见 Glick and Ehrbar（1986-87，pp. 473-476），Fine（1996，p. 11），D. Harvey（1999，pp. 35-36）和 Yaffe（1995，p. 95）。

第二节 价值形式理论

价值形式理论（value form theories，VFT）主要是在20世纪70年代发展起来的，它的部分功能在于回应和反对这种观点——传统马克思主义是不充分的，斯拉法主义则过犹不及。① 在20世纪70年代早期的西方世界，苏联经济学家鲁宾（Isaak Illich Rubin，1896-1937）的著作被重新发现，推动了价值形式理论的发展。随后，学者们利用鲁宾的著作批判性地分析了价值形式理论。接下来应该对当代使用价值形式理论的一种方式（即对马克思价值理论的"新解释"）加以审查。

一 鲁宾传统

对马克思价值理论的这种理解受到苏联经济学家鲁宾的启发，也受到来自（但不限于）阿尔都塞（Louis Althusser）、巴克豪斯（Hans-Georg Backhaus）和布朗霍夫（Suzanne de Brunhoff）的独立贡献的启发。② 这种方式通常从劳动的社会分工开始。它主张资本主义劳动分工的本质特征在于商品关系，即"单独的"或独立

---

① 以下学者提供了价值形式的不同版本：Backhaus（1974），de Brunhoff（1973a，1976，1978c），Eldred（1984），Eldred and Hanlon（1981），Lipietz（1985a），Reuten（1993），Reuten and Williams（1989）和 de Vroey（1981，1982，1985）。更清晰的表达，参见 N. Taylor（2000）。相关的批判，参见 Elson（1979b），Gleicher（1985），Likitkijsomboon（1995），Moseley（1997a），Saad-Filho（1997a）和 Weeks（1990）。

② Althusser（1969，1970），Backhaus（1974），de Brunhoff（1973b，1978b，1978c），Rubin（1975，1978）；还可以参见 Gerstein（1986），Himmelweit and Mohun（1978）和 Pilling（1972）。

的生产者进行的商品生产:

> 劳动产品的价值形式不仅是最抽象的形式,而且是最普遍的形式,它附着在资产阶级生产的产品上,它把那种生产当作社会生产的一种具体方式,并赋予它以具体的历史特征……因此,"价值形式"是商品经济最一般的形式。①

资本主义的商品特征太重要,以至鲁宾常常把他的分析对象称作"商品-资本主义"经济。② 与生产者的独立对应的是生产出对社会有用的商品,或者换句话说,生产出被用来出售的商品(出售商品仿佛是一条"命令",它被称作"货币约束")。③ 由于受独立和货币约束,这种传统认为商品是由私人的具体劳动——它潜在地或在理想状态下是抽象的、社会的劳动——生产出来的。私人的具体劳动被转化为社会的抽象劳动,当且仅当其产品交换以货币为目的的时候:

> 在商品经济中,一个独立个体的劳动,或一个独立的私人商品生产者的劳动,并不受社会的直接控制。同样的,在其具体形式上,劳动并不直接进入社会经济。只有当劳动获得了社会均等化劳动的形式,商品经济中的劳动才变成社会

---

① 参见 Rubin (1975, p. 114),还可以参见 pp. 63 - 64, 92, Benetti and Cartelier (1980) 和 de Brunhoff (1973a, ch. 2)。对 Meek (1973, p. 302 n. 2) 来说,"马克思意义上的'商品生产'意味着独立的生产者或成群的生产者——一群生产者中每个人的能力多多少少有所不同——为了在某种市场上交换而进行的货物生产"。

② 参见 Rubin (1975, pp. 1, 22 - 24, 31, 47, 62 - 64, 70, 85, 89 - 94, 114, 125, 141)。

③ 参见 Aglietta (1979, p. 278), de Brunhoff (1978c), Guttman (1994, p. 20) 和 de Vroey (1981, p. 185)。

劳动；换句话说，由于自己的产品均等于其他所有生产者的产品，每个商品生产者的劳动才变成社会劳动……抽象劳动作为均等的劳动，来自所有劳动产品的均等；但是，所有劳动产品不可能均等，除非它们中的每一个都被一个普遍的均等物所吸收……从思维和预期看，劳动的均等化有可能发生在直接的生产过程中，发生在交换活动之前。但在现实中，它以一定数量货币的形式发生在交换活动中，发生在给定劳动产品的均等化——即便只是思维中预期的均等化——之中。①

鲁宾传统至少以两种重要方式对马克思价值分析的发展有贡献。第一，抽象劳动是由出售而间接形成的社会劳动，这种主张只适用于商品经济，它为强力批判非历史的物化劳动观点提供了动力（参见本章第一节）。这种批判使马克思主义研究的聚焦点由价值和价格的计算，转向对生产及其表现形式的社会关系的分析。

第二，这种传统强调货币对价值分析的重要性，因为价值通

---

① 参见 Rubin（1975，pp. 96 - 97，142；1978，pp. 118 - 119）。还可以参见 Rubin（1975，pp. 66 - 71，97 - 99，120，127 - 130，141 - 146，150；1978，pp. 124 - 125）。对于 de Vroey（1981，p. 176），"劳动最初表现为私人劳动，由私人的独立决定而来。当且仅当产品被出售时，它才转变成社会劳动。当社会劳动产生于这种背景时，它被称作抽象劳动，'抽象'这个形容词指的是通过市场上的交换而实现的同质化"。因此，"价值不是单纯的劳动的化身或一个技术过程，它指的是通过商品交换而来的私人劳动的有效性……只有当私人劳动产品被出售，私人劳动才生效（被当作社会劳动的一部分、有效地服务于私人劳动的再生产）。否则，私人劳动只不过是废物"（de Vroey 1982，p. 40）。还可以参见 Eldred and Hanlon（1981，pp. 26，35），Himmelweit and Mohun（1978，pp. 73 - 74；1981，pp. 232 - 234），Mattick Jr.（1991 - 92，pp. 33 - 35），Mohun（1991），Reuten（1995），Reuten and Williams（1989，pp. 66 - 70），T. Smith（1990，p. 72；1993b，p. 21）和 de Vroey（1981，pp. 176，184；1982，p. 46；1985，p. 47）。

过且只能通过价格才得以显现。既然货币在商品经济中起着关键作用，那么，对马克思理论的非货币性均衡的理解从根本上就是错误的，不用任何中介来表达抽象劳动注定是徒劳无功的，计算物化劳动系数的做法也不会有意义（参见第五章第四节）。① 对货币重要性的强调，促进了对马克思主义货币分析之兴趣的复兴（参见第八章）；对物化劳动观点的批判，为对马克思的更有说服力的理解开辟了新道路。

然而，这种主张——独立性是商品生产的本质特征——让鲁宾传统把资本主义的生产关系当作简单的价值关系。结果，虽然对价值分析很重要，但这个传统对我们理解资本和资本主义帮助不大。

对价值关系的关注表明，商品经济本质上是生产者（尤其是不隶属于社会劳动分工的生产者）的集合。由于独立和专业化，生产者必须出售他们自己的货物或服务，以便要求社会产品为自己所消费。换句话说，在这种社会中，生产本质上是为了消费，而私人的具体劳动在分析上优先于社会的抽象劳动，其存在唯有在出售前才是理想的。劳动的均等化、抽象化和社会化取决于出售，而商品价值取决于交换得来的货币的价值。出售失败表明生产这种商品的决定是错误的，货物是无用的，以及劳动并未创造价值。②

---

① 参见 de Brunhoff（1978b），Reuten and Williams（1989）和 de Vroey（1981, pp. 184 – 186；1985, pp. 45 – 46）。
② 鲁宾意识到这个论证站不住脚："有人批评说我们的概念会导向这种结论——抽象劳动只能产生于交换活动，因而价值也只能产生于交换。"（Rubin 1975, p. 147；还可以参见 1978, p. 12）他想通过区分两种交换形式以避免这种困难：作为生产过程的社会形式的交换，以及作为再生产的一个阶段——它与生产轮番上演——的交换。鲁宾（1975, pp. 95, 100 – 101, 144 – 151；1978,（转下页注）

与之相比，在资本主义经济中，实质性的分离存在雇佣劳动与生产方式之间，受资产阶级掌控（参见第三章第二节）。① 当资本家为了利润而雇佣工人以便供给货物时，生产出现了。由于劳动行为以这种社会形式为条件，其产品必然是商品；它具有使用价值，而它本身也是一种价值（如果商品未完成出售，其使用价值没得到发挥，并且其价值被破坏的时候，参见第五章第三节）。② 总而言之，只要独立的商品生产者的劳动不受社会的决定，而其社会性特征取决于交换，那么在资本主义下，劳动方式就受社会的决定（参见第五章）：

> 资本主义把数量持续增加的工人都扔到工作场所，在那里，工人的劳动是集体劳动。与上千名其他工人一起受雇于工厂的体力劳动者，在任何意义上都不能被描述为私人或个体……资本主义生产包含集体合作劳动，即直接社会性的、有意识地受到控制的劳动——在资本的权威下受统治的、工人阶级的集体合作力量。私人劳动不是生产中的劳动（labor‑in‑production），但是，商品是生产过程的结构。③

（接上页注②）pp. 122 - 124）主张，他所论证的价值取决于交换指的是前一种含义，而非后一种含义。然而这种区分是无效的，而且鲁宾自己也说生产者之间的关系是通过交换活动（而不是交换的社会结构）确立起来的（参见 Rubin 1975, pp. 7 - 9, 61, 64, 70, 80 - 88, 143; 1978, p. 114）。

① 参见 *Capital* 1（p. 482），*Theories of Surplus Value* 1（pp. 78, 409）和 *Theories of Surplus Value* 3（p. 272）。

② Postone（1993, p. 155）的论证是正确的：商品是资本主义下劳动的双重特征的物化；因而它既是一件产品又是一种社会中介。商品"不是一种具有价值的使用价值，作为具体和抽象劳动的物化，它是由于具有价值才具有交换价值的使用价值"。

③ 参见 Weeks（1990, p. 8）。对马克思来说，"工场手工业分工以生产资料集中在一个资本家手中为前提；社会分工则以生产资料分散在许多互（转下页注）

鲁宾传统的这些局限很大程度上是由于它把资本主义生产（为了利润的系统的商品生产）和简单商品生产（来自独立生产者的、未受到社会性约束的商品生产）合并在了一起。① 这在历史上和逻辑上都有缺陷：

> 对于拥有自己的生产资料的个体生产者……其用于生产的投入不是购买得到的，而是自身劳动过程的产物……只有劳动过程的最终产品是商品。每件劳动工具都是由每位生产者在社会隔离中生产的，生产者从未面临竞争压力。没有任何社会方法能把劳动时间的一般消耗转移到作为生产资料的产品中。在这种情形下，竞争的唯一功能就是给市场带来统一的售价……唯一的客观需求是：他（或她）的全部劳动消耗足以支撑家庭的再生产。与他人相比，如果某些生产者能够不怎么费劲儿就把自己的商品卖出去，那么更"有效的"生产者就会享受更高的生活标准。这种更高的生活标准绝不

(接上页注③)不依赖的商品生产者中间为前提。在工场手工业中，保持比例数或比例的铁的规律使一定数量的工人从事一定的职能；而在商品生产者及其生产资料在社会不同劳动部门中的分配上，偶然性和任意性发挥着自己的杂乱无章的作用……在工厂内部的分工中预先地、有计划地起作用的规则，在社会内部的分工中只是在事后作为一种内在的、无声的自然必然性起着作用，这种自然必然性只能在市场价格的晴雨表式的变动中觉察出来，并克服着商品生产者的无规则的任意行动。工场手工业分工的前提是资本家对于只是作为他所拥有的总机构的各个肢体的人们享有绝对的权威；社会分工则使独立的商品生产者互相对立，他们不承认任何别的权威，只承认竞争的权威，只承认他们互相利益的压力加在他们身上的强制，正如在动物界中一切反对一切的战争多少是一切物种的生存条件一样"（*Capital* 1, pp. 476 – 477）。还可以参见 pp. 439 – 441, 464 – 465, 1019, *Capital* 3（p. 172）, *Theories of Surplus Value* 3（p. 378）, *Contribution*（pp. 321 – 322）和 *Grundrisse*（p. 709）。

① "把价格等同于价值进而把价值的决定归结为交换的那些人，实际上是在简单商品生产的背景下思考价值，在这种背景下，价值并不起决定作用。"（Weeks 1990, p. 8）还可以参见 Saad - Filho（1997a）。

会给不那么有效的生产者施压,让他们提高其效率。①

鲁宾传统对价值关系的强烈关注对马克思的价值分析贡献极大。然而,对工资关系和劳动方式的忽视限制了它把资本主义与其他生产方式区分开来的能力。鲁宾传统错误地预设了商品交换是资本主义的决定性因素,把货币与价值的实质混淆在一起,并且有意避开了构建马克思价值分析时的中介。缺少分析的深度,这解释了它不能阐明由马克思确定的真正重要的关系,例如资本主义对生产资料的垄断,工人隶属于生产,生产的社会规范源自竞争,机械化和去技术化,以及价值和价格的中介(参见第五章和第七章)。由于这些局限,鲁宾传统很少被用来解释资本主义的主要特征,很少被用来分析它们所具有的社会的、经济的和政治的经验结果。

二 "新解释"

在20世纪80年代早期,迪梅尼尔(Gérard Duménil)和弗里(Duncan Foley)分别勾勒出对马克思价值理论的"新解释"(a new interpretation,NI),②而且他们借鉴了阿格列塔(Aglietta)和鲁宾的著作。③过去的20多年,"新解释"在马克思主义学者中越

---

① 参见 Weeks (1981, pp. 31 – 32),还可以参见 Arthur (1997, pp. 13 – 15),Uno (1980, p. 34) 和 Weeks (1990, p. 11)。
② 参见 Duménil (1980, 1983 – 84, 1984),Duménil and Lévy (1991),Foley (1982, 1983, 1986);还可以参见 Ehrbar (1989),Glick and Ehrbar (1987),Lipietz (1982, 1984, 1985a) 和 Mohun (1994)。这一部分利用了 Fine, Lapavitsas and Saad – Filho (2000) 和 Saad – Filho (1996a) 的观点。还可以参见 Moseley (2000a)。
③ 参见第二章第二节和第四章第二节,以及 Aglietta (1979) 和 Rubin (1975, 1978)。

来越受欢迎，这有助于价值争论从相对不容易出结果的激烈辩论（反对斯拉法对马克思的批判以及鲁宾传统高度抽象的分析），转向更加重要的问题。"新解释"的贡献，在很大程度上是基于它强调净产量而非总产量，以及它对货币价值和劳动力价值的独特定义。利用这些概念，NI 论证（1）利用马克思主义范畴做出的经验分析既有可能性又有趣味性①，以及（2）"转化问题"是个不相关的问题（参见第七章）。

"新解释"源于对马克思价值形式的理解，在这种理解中，通过出售，价值变得抽象化、社会化。② 由此而来的两点启示是：第一，货币是抽象劳动直接的、独特的表达；第二，生产劳动创造的价值由产品售出后的货币数量来衡量。这种理解在保持宏观经济水平的基础上，避开了个别价格和价值之间的概念困难（参见第五章），避开了与转化问题相关的陷阱。在这种层次上，货币在本质上是对新的抽象劳动的命令。个别价格和价值之间没有必然关系，而且这个理论不能区分可供选择的价格系统。由于普遍不完善的市场结构，这提升了它的一般性。

用代数来表示，进行的全部（抽象）劳动（lx）所创造的总产量是 x，但是，唯有净产量的价值是 $y = x - Ax$，而 A 是技术模型（$n \times n$）时，才能得出 l 是单位劳动所要求的矢量（$1 \times n$），x 是总

---

① 下文没展开这一点，但可以参见 Mohun（2000，forthcoming）。
② 参见 Aglietta（1979，pp. 38 – 39，277），Duménil（1980，pp. 13 – 14）和 Lipietz（1982，p. 60）。对 Foley（1982，p. 37）而言，劳动价值论"是这种主张：全部商品的净产量的货币价值表达了商品 - 生产经济中全部社会劳动的耗费……在这种方式中，价值概念作为所有净商品产量的属性，它在分析上优先于价格概念，即优先于市场上某种具体商品带来的货币数量"。还可以参见 Foley（1986，pp. 14，97），Glick and Ehrbar（1987，p. 303）和 Mohun（1994）。相关的批判参见 Stamatis（1998 – 99）。

产量（$n \times 1$）的矢量，而 y 是净产值（$n \times 1$）的矢量。货币的价值（λ^m）是表现出来的全部劳动和净产量价格的比率：

$$\lambda^m = \frac{lx}{py} \tag{1}$$

货币的价值是单位货币所表达的劳动量的尺度，抑或为产品价值增加一英镑（或一美元）所耗费的抽象劳动时间的尺度。[①] 对"新解释"而言，等式（1）表达了马克思把总价值等同于总价格。新生产出来的货币价值被分配在净产量中，它们是这些商品的价格。

劳动力的价值 V 被定义为国民收入中工资所占的那个部分，[②] 而剩余价值 S 是国民收入刨除工资后剩余的部分（参见第四章第一节）。如果 w 是每小时的工资率而 wlx 是工资总量，则 V 是工资率与货币价值的比例：[③]

$$V \equiv \frac{wlx}{py} = w\lambda^m$$

因而可以得出：

[①] 参见 Aglietta（1979，pp. 41 – 44）和 Foley（1982）。对于另一种观点，即聚焦于总产量的观点，参见 Shaikh（1991，p. 78）。马克思并未明确区分总产量和净产量，例如，可参见 *Capital* 1（pp. 162 – 163，297）和 *Theories of Surplus Value* 2（pp. 414，416，538）。

[②] "如果我们假设所出售的一小时劳动力在生产中能产出一小时劳动时间，那么劳动力的价值就会是 0 和 1 之间的一个数，并且表达了工人'为自身'所耗费的那部分劳动时间，或者所耗费的那部分'有偿劳动'时间。在一小时劳动力时间产生一小时劳动时间的预设下，劳动力的价值等于价值增殖中的工资部分。"（Foley 1982，p. 40）还可以参见 Duménil（1984，p. 342）和 Lipietz（1984，pp. 352 – 353；1985b，p. 92）。

[③] 工资率依照每个单位的简单劳动力来支付。做出的其他三个简化性的假设是：工人彼此没有不同，他们在生产中始终如一，以及他们出售的劳动力每小时创造相等的价值（参见 Lipietz 1982，p. 62）。

$$S = 1 - V = 1 - \frac{wlx}{py} = \Pi$$

Π 是总利润,在这种情况下,从定义看,马克思把总剩余价值等同于总利润仍是成立的。[①] 最后,剩余价值率是:

$$e = \frac{S}{V} = \frac{\Pi}{W}$$

为商品定价并且已支付工资后,剩余价值率就被确定了。工资收入如何使用(是用于生活必需品或奢侈品,还是用于储蓄或储藏),并不影响剩余价值率。对"新解释"来说,这种关系说明了利润只不过是剩余价值的再分配(参见第四章第二节)。

让我们更加仔细地考察"新解释"的贡献,就从净产量开始吧。有两种方式可以把经济的净产量概念化。第一,利用与使用价值有关的术语将其概念化,例如,消费方式和净投资方式,或总产量中维持生产系统的必需品(重复同样方式和水平的生产)之外的那部分;第二,利用与价值有关的术语将其概念化,它等同于新表现出来的劳动。这提出了一个问题——总产量的价值:劳动创造了全部的净产量,但只创造了总产量价值中的一部分。

"新解释"意味着传统的定义(马克思总产量中的平等)前后矛盾,因为生产资料的价值在总产品的价值中计算了两次。它先被当作新生产出来的生产资料的价值,后被当作所使用的生产方式的新价值(参见第五章第二节)。然而,无论现在还是之前的某个阶段,后者并不等同于实际表现出来的劳动;它只不过是所使用的劳动的反映,是其他地方创造的价值。[②] 这些洞见很有说服力。然而,出于两个理由,关注净产量有可能误导人。第一,从

[①] 参见 Duménil(1980, p.82)。

[②] 参见 Duménil(1980, pp.62-63; 1983-84, pp.441-442)。

经验上看，净产量的定义来自

资本的时间段而非资本流通的时间段。例如，净国民产值由一年或一季度来定义。结果，资本净额价值的两个成分（可变资本和剩余价值）是由流通的几个阶段构成的，把它凝结为一个概念就失去了对最根本要素（流通）的见解：通过商品买卖以及取代商品的物质成分而收回资本。①

第二，更为重要的是，对净产量的关注消灭了作为生产资料的（而非为扩大再生产所要求的）产品。结果，当今生产中的一个重要部分被忽视了，仿佛它多余似的；商品交换中最大的部分即生产者之间的交换消失了，仿佛它无关紧要似的。因此，货币的使用——无论作为资本还是作为支付手段——受到很大限制，而信用体系的角色也受到很大限制（参见第八章第三节）。

由于在总产量的价值中，投入的价值计算了两次，所以，"新解释"是在净产量而非总产量上定义货币价值。出于三个理由，对货币价值的这个定义很有吸引力：第一，它避免了把妨碍传统方式和斯拉法方式的预设简单化；第二，它诉诸不可兑换的纸币的当代经验，以及感受到的货币价值的宏观经济决定因素（尤其是财政和货币政策）的重要性；第三，它推进了对不完善的市场结构和垄断力量的分析，传统方式下很难做到这一点。

虽然有这些重大优势，货币价值概念仍受到两方面的限制。第一，它只不过是对这种关系——已完成的（抽象的生产性）劳动与相应时间内增加的货币价值的关系——的反思。唯有劳动已经完成，商品被生产出来并且被定价，所使用技术设备是确定的

---

① 参见 Weeks (1983, p. 220)。

之后，才能认识到这种劳动关系。就此而言，它与马克思的概念即货币商品的价值不相关，因为货币商品的价值在流通之前就已经被决定了（参见第八章第一节）。第二，货币价值不能反映价值关系的复杂程度，包括生产与分配的社会关系、已进行的劳动、供求关系、垄断力量、货币的数量和流通速度，以及信用体系。它们中的每一个都能以不同方式影响价格体系，但是，"新解释"不能系统地区分它们，不能分析它们的基础，不能解释它们的意义。

简而言之，为了表达现存的宏观经济关系，货币价值简化了社会劳动与其货币表现的真正的结构和关系。这对"新解释"而言很不幸：这些中介内在地含有失衡和出现危机的可能性。要把作为价格的价值的可能性表达降解为总劳动时间与净产量价格的简单区分，就是要置所包含的真实过程的复杂性于不顾，就是要遮住经济失衡的内在潜能，这弱化了该理论在表达它本应面对的那些关系的能力。[1]

劳动力价值的概念在"新解释"里也有类似的缺陷（参见第四章第二节）。对于"新解释"而言，劳动力价值是工人共享国民收入，它取决于阶级斗争。[2] 然而，劳动力价值的这个定义无法从剥削的某种影响下摆脱出来，即工人没能力追求全部净产量。19

---

[1] 在与"新解释"有关的原创性理论中，Foley（1982，p.41）邀请读者"假设……我们有一个商品生产系统，出于这种或那种原因，在这个系统中，商品的货币价格与劳动价值不成比例。一个原因可能在于价格偏离劳动价值，所以，当每位工人身上投下的资本随行业不同而变化时，利润率却可以均等。另一个原因可能在于垄断、政府调节、市场上中间商利用不对等的信息，抑或其他情况"。运用宏观经济学的特性来瓦解处于不同复杂程度的范畴，这对政策分析而言可能有用，但由于遮蔽了生产方式的决定结构，它不能有助于分析。

[2] 参见 Foley（1982，pp.42-43；1986，pp.15，41）和 Lipietz（1982，p.75）。

世纪早期"李嘉图式"经济学家强调的就是剥削的这个方面,斯拉法的分析所考虑的也只是剥削的这个方面。①

劳动力价值这个观念有可能误导人。第一,它会淡化理论力量以便解释资本主义条件下阶级冲突的主要形式,它发生在生产而非分配中。第二,它有可能造成这种假象:每个生产阶段结束时工人和资本家"共享"净产量,抑或剥削来自收入的不公平分配(参见第四章)。第三,它有可能支持传统上(由物化劳动决定的)普通商品价值和(由供求关系决定的)劳动力价值的二分法。

总而言之,对于价值分析的发展,"新解释"的贡献表现在两个不同的方面。一方面,它绕过了转化问题(尤其是就"正确的"规范化条件进行的虚假争论),而且它正确驳斥了过去讨论价值理论(尤其是价值转化)时的均衡框架。这些重要贡献是对马克思价值理论的更宏大思考的一部分,为新的批判性宏观经济学提供了基础。这些成就是重要的,其目标很有价值。

另一方面,"新解释"也要接受来自某些理由的批评。之所以发展出这种方式,是为了通过"马克思主义宏观经济学"直接表述马克思的理论。然而,为实现这一重要目标付出了高昂的代价。"新解释"在分析上没什么"深度",它强调以生产为代价的交换和分配,它消除了价值和价格、剩余价值和利润之间的中介和复杂关系,把它们当成了一回事。结果是,"新解释"不能把马克思的某些最重要的洞见(例如技术变革、积累、信用体系和危机)吸收到分析中来,而只能把它们当作外在的堆积。这些局限是由于"新解释"的内部结构,它们解释了"新解释"为何被控诉为

---

① 马克思着重批判了主要关注收入分配的剥削理论,参见 Marx (1974, pp. 344 – 345) 和 Saad – Filho (1993a)。

同义反复（因为它以某种方式违反了马克思的均等理论）和经验论（因为它没强调不断发展着的价值结构，而这正是价值分析的基础）。① 若做不到任意选择某个现象并给出解释，若做不到就它们的重要性、就它们与现实的其他特征做出判断，那么，"新解释"就很难得到进一步的发展。

第三节 结论

资本主义的劳动分工可以用两种不同的方式加以分析。大多数新古典主义经济学家和一些马克思主义者采用了流通（交换）观。从这种观点看，资本主义经济就是竞争活动失调的不断积累，这些活动的区分有赖于每个工厂及其不同的技术装备生产出来的商品。这种方式想要强调过程，强调让分散的经济协调一致并确保需求（在一定限制下）得到满足的过程。在这种背景下，相对价格、劳动和收入的分配极为重要。这种研究有可能扩展到为什么"看不见的手"会失败、不均衡和危机会出现。这些问题值得详加探讨，也能揭示资本主义的某些重要方面。然而不幸的是，它们无法导向对生产方式的分析。这是个严重缺陷，因为资本主义和其他生产方式的本质区别就在于工人和生产资料拥有者（以及与之相关的劳动方式）之间的关系。马克思最重要的主张之一就是：如果仅限于对流通或分配的分析而忽略生产领域，那么，资本主义最重要的某些特征就仍未被揭示出来（参见第三章）。

与之相比，强调以交换为代价的生产，这种分析有时候利用了随机的均衡条件，以便聚焦于生产技术。在这种情况下，很难

---

① 参见 Flaschel（1984）and Szumski（1991）。

把握货币的重要性，很难把握具体劳动和抽象劳动的关系，很难把握价值分析的历史局限。相应地，与竞争、技术变革、资本转移以及不同社会阶级充满冲突的关系有关的含义都模糊不清了（参见第五章）。

这些缺点表明，价值分析应当考虑生产和交换这二者，应当考虑生产和交换领域的中介以及不同的分析水平。绕过某些中介以关注资本主义的这个方面而非那个方面，有时候是恰当的。但是，这里面有风险，这使人很难认识到什么时候以何种方式把重要的结构或趋势引入分析中。在这种情况下，也许只能诉诸偶然，或者不加批判地把无关的研究插入价值分析里面。这很像折中主义，很难成功。

第三章 价值和资本

在其价值理论中,马克思对资本主义社会中调节社会再生产的经济过程和经济关系进行了批判性分析。① 在第一章唯物辩证法的启发下,本章要阐释马克思价值分析的意义和重要性,具体分为三个部分。第一部分分析劳动分工、剥削和价值关系之间的关系。虽然马克思的分析适用于资本主义(参见第一章第一节),但是它的背景更宏大:需要劳动分工,以便再生产整个人类社会。要做到这一点,潜在地具有很多不同的方法,资本主义就是其中之一。② 第二部分讨论资本关系。它要证明:一方面,资本是一种生产关系,在这种关系中,劳动力、劳动产品以及更一般意义上的货物和服务都变成了商品;另一方面,资本是一种阶级剥削关系,它是由资本家迫使工人阶级更多地进行生产而非消费的能力决定的,是由资本家对剩余价值的要求决定的。第三部分得出本章的主要结论。

---

① "从狭义上理解,社会再生产包括(生物学意义上和合格工薪劳动者意义上的)劳动力再生产所必需的过程。更一般地来理解,社会再生产关心的是整个社会如何在时间流逝中实现再生产和变革。"(Fine 2001, p. 32)
② 在《政治经济学批判大纲》(*Grundrisse*, p. 108)中,这种超历史的背景很明确。还可以参见 Mattick Jr. (1991 – 92, pp. 32, 42),Perlman (1977) 和 M. Smith (1994a, p. 42)。

第一节　劳动分工、剥削和价值

对价值概念的理解并非一蹴而就。① 为了解释资本主义条件下的价值及其重要性，马克思从一般的人类劳动入手。劳动是这种过程——改变已有的自然和社会环境以便获得为社会再生产所必需的预定的结果、货物和服务，马克思称之为使用价值：②

> 劳动作为使用价值的创造者，作为有用劳动，是不以一切社会形式为转移的人类生存条件，是人和自然之间的物质变换即人类生活得以实现的永恒的自然必然性。③

---

① "不是以价值所导向的价格或分配理论为基础来证明价值概念，与此相比，马克思想要证明价值是这样一个概念：若想解释价值本身，只能依赖存在现实世界中的与之相关的关系。与此相关的问题是什么是价值以及价值为何存在，例如与价格相比，价值不是日常生活中单纯可观察到的事实。商店橱窗里的货物向全世界表明其价格，却无法以同样的方式展示其价值。因此，在对二者关系的分析中，从一开始就同时引入价格和价值，肯定存在方法论上的不一致。这两个概念的地位并不一样：价格要求证明自己的存在，价值不需要证明自己的存在。"（Fine 1980，p. 123）

② 使用价值是一个智力的推论，它表达特定货物满足具体的人类需求的能力，参见 *Capital* 1（pp. 125 – 126）和 Marx（1977，p. 197）。D. Harvey（1999，p. 5）正确地指出："在马克思世界概念的基础上有这么一个观念：为了满足自己的需要和需求，人类要占有自然。这种占有是体现在生产和消费活动中的物质过程……通过使用价值这个概念，在与人的需要和需求的关系中，商品的物质方面被把握到。"对使用价值这一概念的详细分析，参见 Fine（2001，ch. 2）、Fine and Leopold（1993，Part Ⅳ）、Lebowitz（1992，p. 23）和 Pilling（1980，p. 138）。

③ 参见 *Capital* 1（p. 133）。对 Shaikh（1982，p. 68）来说，"人与自然的关系唯有通过人与人的关系才能存在；因为它们是这种关系——决定着社会生活的生产（或再生产）方式的两个方面……既然这是确切无疑的——使用价值随时会作为自然的果实而自发的产生（例如野葡萄），那么很显然，没有使用价值的生产，即没有劳动本身，任何社会都不能长久地存在"。还可以参见 *Capital* 1（pp. 137，283 – 284，287，290）、Post（1996，pp. 27 – 28）和 Shaikh（1977，p. 114）。

第三章 价值和资本

在每个社会中，社会劳动力（所有个体的工作能力，包括知识、才能和经验）① 作为共同体的资源，依据文化的、自然的和技术的约束而被雇佣。② 无论何时何地，劳动都依照性别、年龄、血统或阶级等被区分开，社会劳动的产品必定同样地被区分开。除此之外，在许多社会中，非生产阶级靠对生产者的剥削为生。③

阶级剥削关系取决于从直接生产者榨取剩余价值的方式（参见本章第二节和第四章）。④ 阶级剥削关系包括迫使生产者生产超出自身消费量的产品的那些结构和过程，包括剥削者侵占剩余价值的机构。即便用纯粹的经济术语从狭义上下定义，剥削也是包含了社会生活的多个方面的整体，如财产关系、劳动分配、对生产过程和产品分配的控制。

资本主义的决定性特征就在于剥削——资本家通过榨取剩余

---

① "我们把劳动力或劳动能力，理解为一个人的身体即活的人体中存在的、每当他生产某种使用价值时就运用的体力和智力的总和。"（Capital 1, p. 270）
② "一旦人们以某种方式彼此为对方劳动，他们的劳动也就取得社会的形式。"（Capital 1, p. 164）还可以参见 p. 134，Theories of Surplus Value 3（pp. 168 - 169）和 Chattopadhyay（1999, p. 1）。
③ 参见 Capital 1（pp. 471 - 472），Rowthorn（1980, p. 31）和 Lapavitsas（2000d）。马克思（Marx, 1977, p. 198）主张"商品的出售条件就按照商品的生产条件来调节"。如果有些人被迫以系统地有利于他人的方式进行劳动，那么就存在剥削："剥削某人就是为了剥削者的目的而使用此人。剥削者和被剥削者地位的不同不在于数量，而在于性质。"（Naples 1989, p. 149）还可以参见 Himmelweit（1991, pp. 182 - 184）and Schutz（1999, pp. 307 - 310）。对剥削方式的历史性分析，参见 Milonakis（1990, 1993 - 94）。
④ "使各种经济的社会形态例如奴隶社会和雇佣劳动的社会区别开来的，只是从直接生产者身上，劳动者身上，榨取这种剩余劳动的形式。"（Capital 1, p. 325）还可以参见 pp. 344 - 345，Theories of Surplus Value 1（p. 390），Theories of Surplus Value 3（p. 400），Grundrisse（pp. 525 - 527）和 Post（1996）。

价值对雇佣劳动的剥削（参见下文）。① 为了解释这种剥削方式，马克思从它的最抽象特征——价值关系开始。对于马克思来说，不需要对价值关系及其基础（劳动分工）进行证明，它们是无可争辩的事实。

> 即使我的书中根本没有论"价值"的一章，我对现实关系所作的分析仍然会包含对实在的价值关系的论证和说明。胡扯什么价值概念必须加以证明，只不过是由于既对所谈的东西一无所知，又对科学方法一窍不通。任何一个民族，如果停止劳动，不用说一年，就是几个星期，也要灭亡，这是每一个小孩子都知道的。小孩子同样知道，要想得到与各种不同的需要量相适应的产品量，就要付出各种不同的和一定量的社会总劳动量……而在社会劳动的联系体现为个人劳动产品的私人交换的社会制度下，这种按比例分配劳动所借以实现的形式，正是这些产品的交换价值。②

可以在不同层次上分析价值关系。在相对抽象的层次上，或者说，在商品生产和交换微不足道的非资本主义社会，价值的重要性只体现在它的交换价值，它由智力得出推论，表达了一种商品对另一种商品的交换率。在这种情况下，

> "价值形式"（其最终形式是货币形式）完全没有什么内

---

① "对马克思而言……资本主义的本质特征就在于控制生产过程，从而控制劳动者。依据马克思的看法，资本主义剥削的本质不在于低工资而在于强制劳动，不在于劳动产品的异化而在于劳动的异化。"（Medio 1977, p. 384）

② 参见 Marx（1988a, p. 68）。还可以参见 Marx（1976, p. 31），J. Devine（1989），Fine（1996），Hilferding（1949, pp. 130 – 131）和 Pilling（1980, pp. 43 – 47）。

容。交换价值这种东西是个"陈腐的存在"。在古罗马、中世纪以及资本主义社会，人们都能找到交换价值；但是，交换价值的每一种形式背后都隐藏着不同内容。马克思强调"交换价值"是一个非真实的抽象物，要脱离它由以产生的具体关系，因为交换价值"不可能存在，除非作为对整个具体生活的抽象的、单向的关系而存在"。①

在这种层次上分析，抽象劳动也是智力的概括：第一，生产主要以创造具体的使用价值而非价值增长为目标；② 第二，劳动市场很不景气，支离破碎，还经常缺失；③ 第三，社会上的劳动分工和工厂里的劳动分工相对未得到发展；④ 第四，交换价值高度依赖非市场关系，而主要不是取决于生产和竞争的强力。⑤ 在这种情况下，劳动过程很少受社会决定。唯有产品找到了进入流通的渠道并且劳动的抽象是为了出售时，产品才采用商品的形式。

---

① 参见 Grossman（1977，p.46）。还可以参见 *Capital* 1（pp.473，949–954），*Theories of Surplus Value* 2（p.528），*Grundrisse*（pp.102，776）和 Marx（1989，pp.551–552）。
② 参见 *Capital* 1（pp.733–734），*Capital* 2（p.461），*Theories of Surplus Value* 1（p.406）和 *Theories of Surplus Value* 3（pp.270–272，491）。
③ 参见 *Grundrisse*（pp.296–297）和 Ilyenkov（1982，pp.196–197）。虽然商品生产要求劳动分工在一定程度上得到发展，但是，这种发展并不足以给生产方式下定义；参见 Lapavitsas（2000c）。对市场关系的广泛研究，参见 Polanyi（1944）。Fine（1998）详细分析了劳动市场。
④ "因为商品生产和商品流通是资本主义生产方式的一般前提，所以工场手工业的分工要求社会内部的分工已经达到一定的发展程度。相反地，工场手工业分工又会发生反作用，发展并增加社会分工。随着劳动工具的分化，生产这些工具的行业也日益分化。"（*Capital* 1，p.473）
⑤ 参见 Lapavitsas（2000d）和 Shaikh（1981，p.275）。Perelman（1987，p.142）正确地论述说："在价值关系上，商行里的权威没什么特别的；我们会期待把相同类型的管理规则应用于奴隶主或一定限度内的封建主……资本主义生产方式下，特殊之处在于市场是间接的权威。"

与之相比，在资本主义社会，工资劳动是社会劳动的形式；一般而言，产品、其他资产和社会关系具备了商品的形式。在这些社会中，劳动本质上是抽象的，交换价值是价值关系的表达形式。

对马克思而言，一件商品的价值表达了资本主义条件下劳动的社会角色所具有的具体的历史形式……这表明：第一，对人类劳动的商品形式所做的概括对资本主义生产方式而言十分特殊，价值作为分析的概念同样很特殊；第二，它表明价值这个概念不仅是智力性存在，而且是真实性存在，价值关系是资本主义社会关系的具体形式。①

劳动的抽象和社会产品的商品化可以从两个层次加以分析。第一，在生产中，商业化的投入使雇佣劳动常常在劳动市场上被雇佣并被迫劳动，为了利润（剩余价值）而非为了需要（使用价值）生产某些商品和服务。其结果是，从一开始就决定了劳动的产品是商品，抽象劳动从逻辑上主导了具体劳动（参见第一章第一节、第二章第二节和第五章）。② 第二，商品的可交换性（在交

---

① 参见 Mohun（1991，p. 564）。对 Ilyenkov（1982，p. 34）来说，抽象劳动是"发达商品生产或资本主义生产中，人类劳动所预设的客观的形式特征"。Shaikh（1982，p. 70）的论证是正确的：在资本主义社会，"卷入商品生产的劳动能生产出价值，而交换唯有以货币形式才能实现其价值"。还可以参见 Theories of Surplus Value 3（pp. 131, 253），Grundrisse（pp. 104 - 105），Arthur（2001），Cleaver（1979，p. 108），Cohen（1974，pp. 246 - 247），Colletti（1972，pp. 22 - 23, 80 - 84），Fine（1989 p. 10），Himmelweit and Mohun（1981，p. 225）和 Shaikh（1981，p. 273）。

② "资本主义生产是作为生产的普遍形式的商品生产，但是，它之所以如此，在它的发展中之所以越来越如此，只是因为在这里，劳动本身表现为商品，因为工人出卖劳动，即他的劳动力的职能，并且如我们所假定的，是按照由它的再生产费用决定的它的价值出卖的。"（参见 Capital 2，p. 196）还可以参见 Capital 1（p. 733）。

换领域）证明了所有的劳动类型实质上是同一的。马克思比较了简单商品经济和资本主义经济下劳动的决定因素。

> 使牧人、皮匠和鞋匠的独立劳动发生联系的是什么呢？那就是他们各自的产品都是作为商品而存在。反过来，工场手工业分工的特点是什么呢？那就是局部工人不生产商品。转化为商品的只是局部工人的共同产品……工场手工业分工以生产资料集中在一个资本家手中为前提；社会分工则以生产资料分散在许多互不依赖的商品生产者中间为前提……工场手工业分工的前提是资本家对于只是作为他所拥有的总机构的各个肢体的人们享有绝对的权威；社会分工则使独立的商品生产者互相对立。他们不承认任何别的权威，只承认竞争的权威。①

第二节 资本

马克思在他最有名的著作的开篇是这样表述的：

> 资本主义生产方式占统治地位的社会的财富，表现为"庞大的商品堆积"，单个的商品表现为这种财富的元素形式。因此，我们的研究就从分析商品开始。②

---

① 参见 *Capital* 1（pp. 475-477），还可以参见 *Theories of Surplus Value* 3（p. 378）。对于 Cleaver（1979，p. 164）而言，货币是"一根魔杖，它把世界里的新元素吸收到资本中……被等同于一定数量货币（即给出了价格）的商品，同时也就被缚在了整个资本世界。如何做到的呢？设定一个价格，就是在申明（已经由某种有用劳动创造出来的）使用价值只不过是由资本所控制的这一普遍工具的具体的产品。"还可以参见 Fine（2001，p. 33），Kliman（2000）和 Shaikh（1977，p. 112）。

② 参见 *Capital* 1（p. 125），还可以参见 *Contribution*（p. 269）。

"资本主义生产方式占统治地位",这个表述是本质性的,因为它限定了马克思分析的主题,限定了其有效性的历史维度。[①] 虽然商品在几千年前就已经开始生产,虽然产品和交换是资本主义的历史性前提,但是,资本主义生产方式生产出来的商品本质上不同于其他生产方式生产出来的商品。这种不同的原因在于:在资本主义条件下,社会产品常常采用商品形式,更重要的是,劳动力也采用这种形式。

资本主义生产方式一开始就有两个特征……第一,它生产的产品是商品。使它和其他生产方式相区别的,不在于生产商品,而在于,成为商品是它的产品的占统治地位的、决定的性质。这首先意味着,工人自己也只是表现为商品的出售者,因而表现为自由的雇佣工人,这样,劳动就表现为雇佣劳动。有了以上说明,已无须重新论证资本和雇佣劳动的关系怎样决定着生产方式的全部性质……资本主义生产方式的第二个特征是,剩余价值的生产是生产的直接目的和决定动机。资本本质上是生产资本的,但只有生产剩余价值,它才生产资本。[②]

对价值分析而言,马克思对资本和资本主义的看法有四点重要启示。

[①] 在《资本论》第一卷第一章(例如,pp. 237 n. 52 – 53, 238 n. 54, 327 – 329),马克思经常用发达资本主义社会的例子阐释商品和货币关系理论的基本观点。

[②] 参见 Capital 3 (pp. 1019 – 1020)。还可以参见 Capital 1 (pp. 174, 274, 949 – 953), Capital 2 (p. 196), Theories of Surplus Value 3 (pp. 74, 112 – 113), Echeverría (1978, p. 376), Ilyenkov (1982, pp. 77, 80, 104, 200, 232), Likitkijsomboon (1995, p. 76), Postone (1993, pp. 5, 271, 285), Sekine (1975, p. 850), M. Smith (1994a, p. 48), Uno (1980, p. 34) 和 Weeks (1981, p. 11)。

第三章　价值和资本

（一）什么是资本

资本通常被定义为包括生产、货币和金融资产等在内的一整套事物。最近，个人的和社会的特征也被定义为资本的形式，如人、文化资本或社会资本。[①] 这些定义是错误的，因为这些资产或特征的存在并不意味着资本的存在。有一些（如生产资料、知识和社会关系）从人类产生开始就已然存在，还有一些（如货币）早于资本主义很多世纪就已经存在。把资本延伸到它本不属于的地方，仿佛它普遍有效似的，这会误导历史，并且在分析上毫无意义。[②] 更具体地说，一把斧头、畜养的动物或一百万美元，它们可能是也可能不是资本，这取决于在哪种背景下使用它们。如果它们是通过（有可能是间接地）雇佣劳动，为了利润而被投入生产，那么它们是资本；否则，它们仅仅是工具、役畜或钞票而已。

资本是以物的形式出现的，是资本家和工人两个阶级之间的社会关系。当资本家阶级垄断生产资料（包括建筑、机器、工具、车辆、土地等），使用雇佣劳动为了利润而进行生产的时候，这种社会关系就建立起来了。工人必须常规性、持续性地出卖自己的

[①] 对这一观点的毁灭性批判，参见 Fine（1998，2001）。
[②] 出于同样的原因，"与节制、等待或跨时期的偏好有关的理论有赖于资本家的牺牲，资本家当前的消费是利润的源泉。没人能否认这些'牺牲'——通常是在奢侈品上做出的牺牲——是利润的一个条件，但是与其他许多条件一样，它们并不产生利润。没有资本的人可以节制、等待并做出跨时空的选择，直到他们徒劳无功、没有为自己创造任何利润。创造资本的不是节制，相反，资本要求节制。等待在所有社会中都存在，甚至松鼠也会等待……应当时刻牢记，创造经济范畴的不是任何抽象的或其他的东西……而是人与人之间确定的社会关系"（Fine 1989, p.25；还可以参见 Grundrisse, p.613）。有欠思考的拓展资本概念，这是经济扩张主义的一部分，新古典主义经济学正是以此方式将其他社会科学据为己用的。（参见 Fine 1997）

劳动力，因为他们不拥有自己的生产资料，不能独立地从事生产，而且（在商品社会中）他们需要货币来购买自己渴求的使用价值。唯有设定了这种阶级生产关系，资本才存在于价值自我扩张过程中所使用的生产方式、商品和货币之中，而且资本只能通过这种方式而存在。马克思称之为价值的增殖：

> 资本不是一件事物，就如同货币不是一件事物。在资本中，就如同在货币中一样，人与人之间某种具体的社会生产关系作为物对人的关系而出现，要不然，特定的社会关系作为社会中事物的自然属性而出现……资本和雇佣劳动只不过表达了二者关系的两个方面。货币不能变成资本，除非是为了劳动力而进行货币交换……反过来说，唯有自身的物质条件使自己成为自由的力量、使自己具有异化的特征、把自己当作为了自身而存在的价值的时候，简而言之，唯有把自己当作资本的时候，工作才能成为雇佣劳动……因此，雇佣劳动、工资体系是对资本主义生产而言所不可或缺的社会工作形式，正如资本是由物质条件所假定的一种不可或缺的社会形式，以便使劳动成为雇佣劳动。那么，雇佣劳动就是资本形成的必要条件，而且是资本主义生产的本质性前提。[①]

[①] 参见 Capital 1（pp. 1005 - 1006）。还可以参见 pp. 247，764，874 - 875，899 - 900，927 - 928，Capital 2（p. 185），Capital 3（pp. 953 - 954，965 - 968），Theories of Surplus Value 3（p. 272），Theories of Surplus Value 3（p. 422），Grundrisse（pp. 86，512），Aglietta（1979，p. 24），Bell（1977，p. 173），Chattopadhyay（1994，p. 7，1998，p. 233），Nell（1992，p. xiii），M. Smith（1994a，pp. 62，66）和 Zarembka（2000）。Nell（1992，p. 53）的论证是正确的："资本并不是一项'生产要素'，利用其在边缘领域'生产上的贡献'赚取回报。它是一种社会关系；它是组织生产并侵占产品的方式。资本作为自我膨胀（转下页注）

(二) 资本是一个整体

资本是两个阶级（资本家和工人阶级）之间的一种关系，它最终决定了货物和服务在社会上是如何生产并分配的。① 作为通过雇佣劳动而来的自我扩张的整体，资本主要是资本一般（capital in general）。这是资本的一般形式。②

产业资本的流通（M—C—M′）是资本一般的最佳表现：M代表用来购买商品（即生产资料和劳动力）的预付货币，C代表过程，而M′代表出售后更多的货币。M′—M的差额就是剩余价值，它是工商业利润以及其他一切利润形式（包括利息和租金）的基础。产业资本的流通表达了资本的本质：由雇佣劳动生产商品而来的增殖过程。③ 在流通中，资本在货币资本、生产资本和商品资

(接上页注①)的价值，其存在依赖于对雇佣劳动的剥削……因此，当跨国资本进入新领域时，必定产生新的制度安排。适宜的'投资气候'必定得以建立，包括劳动力、劳动规则、以生产的方式保护财产、适宜的经济状况等。这会带来大的变动和政治变革。"

① "对待资本时，马克思一开始就把资本设想为一种社会整体性，它代表了一个不像个体劳动者那样受到敌视的阶级，就如同雇佣劳动者作为一个阶级不那么受敌视一样……"（Chattopadhyay 1994，p. 18）还可以参见 Postone（1993，p. 351）

② "在这里作为必须同价值和货币相区别的关系来考察的资本，是资本一般，也就是把作为资本的价值同单纯作为价值或货币的价值区别开来的那些规定的总和。价值、货币、流通等等，价格等等，还有劳动等等也一样，都是前提。但是我们研究的既不是资本的某一特殊形式，也不是与其他单个资本相区别的某一单个资本，等等。我们研究的是资本的生产过程。这种辩证的产生过程不过是产生资本的实际运动在观念上的表现。以后的关系应当看作是这一萌芽的发展。但是，必须把资本在某一定点上表现出来的一定形式固定下来。否则就会发生混乱。"（*Grundrisse*，p. 310）还可以参见 pp. 421，449，517，852，*Capital* 1（p. 710）和 Pilling（1980，p. 98）。

③ "产业资本是唯一的这样一种资本存在方式，在这种存在方式中，资本的职能不仅是占有剩余价值或剩余产品，而且同时是创造剩余价值或剩（转下页注）

本等形式之间不断变化，就如同它在交换领域、生产领域以及交换的完成之间不断转化。虽然这种运动由于增殖过程而受到批评，但是，利润只不过产生于生产过程中劳动的剩余。① 然而，资本不仅仅生产利润：资本流通的社会结果是资本的扩大再生产，以及资本家和雇佣工人的持续分离。在这种意义上，"资本的积累就是无产阶级的增加"。②

需要提醒的一点是，借助罗斯道尔斯基（Roman Rosdolsky）的著作，资本一般已经被一些人描述为存在的资本总额。有人说，这种宏观经济数额是《资本论》第一卷和第二卷分析的主题，第三卷分析包括竞争资本在内的"多种资本"（参见《资本论》第三卷第七章）。③ 罗斯道尔斯基的方法自有其价值，它对于理解

（接上页注③）余产品。因此，产业资本决定了生产的资本主义性质；产业资本的存在，包含着资本家和雇佣工人之间的阶级对立的存在……那几种在产业资本以前，在已成过去的或正在衰落的社会生产状态中就已出现的资本，不仅要从属于产业资本，并且要改变其职能机制来和产业资本相适应，而且只能在产业资本的基础上运动，从而要和它们的这个基础同生死共存亡。货币资本和商品资本，在它们以其作为特殊营业部门的承担者的职能和产业资本并列出现时，也只能是产业资本在流通领域时而采取时而抛弃的不同职能形式由于社会分工而独立化的和片面发展的存在形式。"（Capital 2，pp.135-136）

① 生息资本（Interest-bearing capital，IBC）的表达形式是 M—M′，是变得更多的那种货币（参见第八章第三节），它不产生利润，就如同把货币放在床底下并不会产生利润。生息资本的扩大是因为转化成了生产资本。参见 Fine (1985-86；1989，ch.12)，Itoh and Lapavitsas (1999，ch.3) 和 Moseley (1997a)。

② 参见 Capital 1 (p.764)。换句话说，"资本主义生产过程，在联系中加以考察，或作为再生产过程加以考察时，不仅生产商品，不仅生产剩余价值，而且还生产和再生产资本关系本身：一方面是资本家，另一方面是雇佣工人"（Capital 1，p.724）。还可以参见 Capital 2 (pp.428-430)，Fine (2001，p.31) 和 Zarembka (2000)。

③ 这种观点与 Rosdolsky (1977，pp.43-51) 有关，也与 Moseley (1995b) 和 T. Smith (1999b) 有关。相关批评，参见 Burkett (1991)，Clarke (1994)，Fine (1992)，Fine, Lapavitsas and Milonakis (2000) 和 Heinrich (1989)。

《资本论》中不同层次的分析有极大帮助。然而，出于两个理由，这种预设——《资本论》第一卷、第二卷关心社会总资本，第三卷关心竞争中的各种资本——并不正确。第一，资本总是在与无数资本的竞争中而存在，假设它能以其他方式存在是毫无意义的：

> 从概念来说，竞争不过是资本的内在本性，是作为许多资本彼此间的相互作用而表现出来并得到实现的资本的本质规定……（资本是而且只能是作为许多资本而存在，因而它的自我规定表现为许多资本彼此间的相互作用）。①

第二，马克思区分了两种类型的竞争，即同一商业领域内资本的竞争和不同商业领域内资本的竞争。前者在《资本论》第一卷得到审视，② 它解释了技术变革的源泉，解释了利用不同技术生产类似货物时资本利润率的分化趋势，还解释了伴随比例失调和过量生产而来的危机的可能性。后者在《资本论》第三卷得到审视，③ 它解释了迁移的可能性，解释了竞争资本的利润率的均衡趋势，还解释了其他的平衡结构和与竞争有关的过程（参见第五章、第七章）。前者比后者更重要，原因在于：第一，利润只有先生产出来才能被分配，才能有均衡的趋势；第二，虽然迁移能提高单个资本的利润率，但是，唯有技术进步才能系统地增加整体资本的利润率。尽管罗斯道尔斯基的分析很有价值，但他没能领会这两种竞争方式的区别，而且他只分析了后者，对更加抽象的竞争

---

① 参见 *Grundrisse*（p. 414）。还可以参见 pp. 421n，650 – 652，*Capital* 1（p. 433），Bryan（1985，p. 77），Chattopadhyay（1994，p. 12），Lebowitz（1992，pp. 65 – 67）和 Wheelock（1983）。
② 参见 *Capital* 1（chs. 12，16，17，25）。
③ 参见 *Capital* 3（chs. 8 – 15）。

方式视若无睹。①

(三) 资本和剥削

资本关系表明生产资料已经被数量相对较少的人所垄断。② 与之相比，大多数人被迫出售自己的劳动能力，以便购买他们之前（作为一个阶级）已经生产出来的商品（参见第四章）。

> 这种［生产］过程成为资本主义过程，货币转化为资本，只是由于：(1) 商品生产，即作为商品的商品生产，是生产的普遍形式；(2) 商品（货币）同作为商品的劳动能力（即实际上同劳动）相交换，因而劳动是雇佣劳动；(3) 但是后者只有在下述情况下才会发生：客观条件，也就是（就整个生产过程来考察）产品本身，作为独立的力量、作为不是劳动的财产，作为他人的财产，因而按形式来说是作为资本，同劳动相对立。③

---

① 类似的批评，参见 Arthur (2000b) 和 Fine, Lapavitsas and Milonakis (2000)；还可以参见 Brenner (1986)。对马克思来说，"竞争在同一生产领域所起的作用是：使这一领域生产的商品的价值决定于这个领域中平均需要的劳动时间；从而确立市场价值。竞争在不同生产领域之间所起的作用是：把不同的市场价值平均化为代表不同于实际市场价值的费用价格的市场价格，从而在不同领域确立同一的一般利润率。因此，在这第二种情况下，竞争决不是使商品价格去适应商品价值，而是相反，使商品价值归结为不同于商品价值的费用价格，取消商品价值同费用价格之间的差别"（*Theories of Surplus Value* 2, p. 208）。

② "我们已经看到，资本主义生产发展的基础，一般说来，是劳动能力这种属于工人的商品同劳动条件这种固定在资本形式上并脱离工人而独立存在的商品相对立。"（*Theories of Surplus Value* 1, p. 45，还可以参见 p. 78）劳动能力转化成商品，这是资本原始积累的历史结果（参见 *Capital* 1, chs. 26 – 32 和 Perelman 1999）。这一过程包括消除工人通过商品交换满足自身需求的能力，以及建立一支顺从可靠的雇佣工人队伍。

③ 参见 *Theories of Surplus Value* 3 (pp. 490 – 491)。Nell (1992, p. 66) 的论证是正确的："剥削是一种结构性的强制。如此这般的大环境，迫使许（转下页注）

由此可知，第一，作为社会生产方式的资本，作为社会劳动方式的雇佣劳动，以及作为产品的典型形式的商品，这三者是相互关联的；① 第二，资本是一种阶级剥削关系，它让资本家以榨取由工人阶级生产的剩余价值为生。② 在这种意义上，

> 资本－劳动关系本身是一个矛盾，它成为阶级斗争的源泉，而资本和劳动的再生产也包含着个人活动和阶级的集体活动之间的矛盾。③

(接上页注③)多人不得不同意按照他人的要求行事，以便养活自己和自己的家庭。"还可以参见 Cleaver（1979，p.73）和 Lapides（1998，p.8）。

① "普遍的商品生产（generalized commodity production，GCP）……雇佣劳动和资本主义生产之间是一种互惠关系。第一，当劳动变成雇佣劳动时，商品生产普遍化了。一方面，雇佣劳动意味着普遍的商品生产；另一方面，普遍的商品生产意味着雇佣劳动……马克思在证明资本主义生产是普遍生产的同时，强调唯有以资本主义生产方式为基础，所有的或者大部分劳动产品才会是商品形式……最后，马克思还暗示了雇佣劳动和资本的互惠关系。资本是直接生产者与（控制着他们并把他们当作资本的）生产条件之间的生产关系，这种生产条件与生产者相分离，不受直接生产者的控制……资本主义的其他特征，可以被看作由这些本质性的核心范畴而来的必然结果。"（Chattopadhyay 1994，pp. 17-18）还可以参见 Gleicher（1983，p.99）和 Uno（1980，p.21）。

② "资本主义以及资本以社会方式要求很多东西，而不仅仅是要求私人财产和市场……它依赖雇佣劳动，依赖为资本生产剩余价值的能力和意愿。与资本相连的社会采用了阶级关系的形式。对于马克思主义理论，阶级关系是区分生产方式的基础，例如封建主义的或资本主义的生产方式，而且，作为其必然结果，也是区分不同历史阶段的基础。随着资本家阶级垄断生产方式、掌控就业和生计，资本和劳动相遇了。结果，工人为了生计必须出卖自己的劳动力以赚取工资，而收到的工资所代表的劳动时间要少于他们为资本劳动的时间。所进行的剩余劳动远在必要劳动之上，随着工资产生了马克思所说的剥削，产生了资本主义的利润。"（Fine 2001，p.29）还可以参见 *Grundrisse*（pp.509－510）。

③ 参见 D. Harvey（1999，p.35）。对 Cleaver（1979，p.72）来说，"商品形式的普遍要求意味着被迫劳动已经成为组织社会（或控制社会）的基本劳动方式。它意味着创造出一个劳动阶级，这个阶级的人们要想活下去，就只能把自己的劳动能力出卖给控制着生产方式的那个阶级"。

(四) 生产劳动和非生产劳动

为利润进行的商品生产中，被资本雇佣的劳动既是具体劳动又是抽象劳动，而且生产剩余价值。这种劳动是生产性的。

> 资本主义经济中的生产劳动……就是由资本雇来的雇佣工人既生产了商品形式的使用价值，在这种生产中，又直接为资本生产了剩余价值。因而生产劳动对商品的作用，同时体现了劳动决定商品和劳动创造剩余价值。对智力和体力而言都是如此：劳动创造奢华的商品，而且，劳动创造作为商品的"货物"和"服务"。非生产劳动即所有的雇佣劳动都不是生产劳动，它包括所有由税收雇佣的劳动和两类由资本雇佣的劳动：真正在流通中耗费的劳动，以及资本的剥削式管理下消耗的劳动。①

与之相比，流通活动中雇佣的工人，例如由商品资本转变为货币资本时雇佣的工人，抑或由货币资本转变为生产资本时雇佣的工人，就不是生产性的。

---

① 参见 Leadbeater (1985, p. 617)。对 Fine and Harris (1979, p. 56) 来说，"实际上，马克思对生产劳动和非生产劳动的区分很好理解。如果直接生产剩余价值，那么，就是生产劳动；否则，就是非生产劳动。这一标准的必然结果是：唯有受资本控制……而且在生产领域的劳动，才是生产性的"。详细的分析，参见 *Capital* 1 (pp. 643 – 644, 667, 734 – 735, 1038 – 1049), *Capital* 2 (pp. 225 – 226), *Theories of Surplus Value* 1 (pp. 46, 152 – 165, 172 – 173, 202, 213, 288 – 289, 393 – 406), *Grundrisse* (pp. 308, 632 – 633), Cullenberg (1994), Fine and Harris (1979, ch. 3), Fine and Lapavitsas (2000, p. 364), Mohun (1996, forthcoming), Moseley (1994), Rubin (1975, ch. 19), Savran and Tonak (1999) 和 Weeks (1984)。

马克思把"生产性"资本雇佣的劳动（或更准确地说，在生产阶段的资本所雇佣的劳动）与商品资本、货币资本雇佣的劳动（或更准确地说，在流通阶段的资本所雇佣的劳动）区分开来。唯有前一种类型的劳动是"生产性的"，原因不在于它生产货物，而在于它是由"生产性"的资本雇佣的……劳动的生产性特征是资本的生产性特征的表达。①

生产劳动和非生产劳动之间的区分，以及这些劳动类型和通常不被看作劳动的其他活动（非商业性活动，例如家务、园艺、照料孩子等，参见第一章第一节）之间的区分，巩固了剩余价值的概念。这种区分具有历史的特殊性，它并没有利用实践活动的有用性或自身结果的重要性，它只不过反映了这些活动是在什么社会关系下展开的。

第三节 结论

马克思的价值理论从这个本体论原则开始：人类社会的再生产和变革，都是通过劳动实现的。劳动及其产品被社会区分开，而且在资本主义条件下，劳动的过程和产物取决于资产阶级对生产方式的垄断，取决于劳动力的商品化和劳动产品的商品形式。在这种情况下，劳动产品通常采取了价值形式，经济剥削建立在榨取剩余价值的基础上。换句话说，资本关系包括很多内容：对生产方式的垄断，工资和两个巨大的、互为条件的社会阶级不断

---

① 参见 Rubin (1975, p. 269)，还可以参见 Capital 3 (pp. 406–408, 413–416)。即便非生产性工人不生产剩余价值，他们仍旧受剥削，因为他们的工作时间的价值大于他们的工资所代表的价值，参见 Foley (1986, pp. 120–122)。

地再生产自身，资本家以及工人。①

从这个角度来分析，价值理论是一种阶级和阶级关系理论，尤其是一种剥削理论。价值概念很有用，因为它表达了资本主义条件下的剥削关系，并能在自愿市场交换主导的欺骗性外表下对这些关系做出解释。

---

① 参见 Clarke (1980), Nell (1992, p.39), Roberts (1997, pp.498-499), 尤其是 Cleaver (1979)。

第四章　工资和剥削

剩余价值理论是马克思价值分析中最重要、引发争论最多的一个方面。本书第三章第二节证明了剩余价值是被资本家所占有的那部分社会价值产品。工人创造的价值和劳动力价值之间的差别就是剩余价值。

本章将用三部分分析资本主义剥削中的两个基本要素——工资系统和劳动力价值。第一部分详细阐释资本主义的剥削；第二部分分析劳动力价值，并简要评述对这一概念的其他理解；第三部分得出主要结论。

第一节　雇佣劳动和剥削

从分配的观点看，可以从三个层面归纳并衡量资本主义的剥削：物质层面、宏观货币层面和价值层面。①

本书第二章第一节和第三章第二节讨论了物质层面的剥削。简要地说，如果社会产品的一部分被非生产者阶级所占有，那么就存在剥削，无论这种占有是在习俗法律规约、强力恫吓抑或若拒不服从则有可能扰乱社会再生产等条件下实现的。通常这些条

---

① 为简便起见，若没有其他说明，所有工人都被假定为生产工人；参见第三章第二节。

件由于相互作用而被强化。例如，在古代，习俗和法律认可奴隶制；奴隶制的存在依赖于常规性的使用强力，即便在家长制作风的体系内，桀骜不驯的奴隶也常常受酷刑、被折磨、被处死。直到最后，奴隶的反抗使最大最富有成效的生产单位陷入瘫痪，使社会不稳定并提出这个问题——国家是否合法，导致经济困难，并且潜在地引发内战。

物质层面的分析当然不是错误的，但它是超历史的，因而太过于一般化。无论何时，只要生产者（作为一个阶级）被迫生产出来多于自己所能消耗、所能控制的产品，而多余的产品被他们的主人、封建领主或雇佣者所占有，那么物质层面的分析就是适用的。这种层面的分析很重要，因为它强调了不同类型的剥削之间的相似性。然而，这种普遍性同时也是一个弱点，因为由此所做的分析不能把不同类型的剥削方式区分开，不能说明在一种情形下如何从生产者那里榨取剩余价值。①

在宏观货币层面的分析中，利润的存在（包括利息、租金和其他形式的利润）揭示了资本主义的剥削。剥削率用利润－工资率来衡量。② 由于共享国民收入，资本家占有的部分包括投资和奢侈品。③

---

① "从直接生产者身上榨取无酬剩余劳动的独特经济形式，决定了统治和从属的关系，这种关系是直接从生产本身中生长出来的，并且又对生产发生决定性的反作用……任何时候，我们总是要在生产条件的所有者同直接生产者的直接关系……当中，为整个社会结构，从而也为主权关系和依附关系的政治形式，总之，为任何当时的独特的国家形式，发现最隐蔽的秘密，发现隐藏着的基础。"（*Capital* 3，p. 927）

② 由于受习俗、税收、储蓄、非生产劳动等因素的影响，对剥削率的经验估算是很难的。参见 Cockshott and Cottrell (1995)，Dunne (1991)，Maniatis (1996)，Mohun (1996, forthcoming) 和 Shaikh (1998)。

③ 依照定义，资本家拥有投资和奢侈品，即使这些货物等同于工人所消费的必需品。奢侈品和必需品的这种区分类似于国民核算中货物消费与货物投资的区分。

利润的存在象征着剥削,但是,出于三个理由,利润－工资率对剥削的衡量并不精确。第一,利润和剥削起初都是在工厂层面上核算的,继而积累起来应用于经济整体。这不符合剥削的现实过程(它取决于社会的阶级结构),不符合与社会的阶级结构相契合的生产方式,不符合资本家阶级对部分社会产品的占有(参见后文)。换句话说,剥削发生在资本一般的层面上,并且以普遍的商品关系为中介;然而在剥削中,雇佣工人是通过工人而被剥削的,无论他们现在受雇于哪个工厂:

> 剥削是一个社会性(全社会的)现象……因此,剩余价值的数量和剩余价值率首先是社会性的或全社会的,而不是每个工厂的剩余价值和剩余价值率的积累……从每个行业的工资和利润关系开始,以图确定一般剩余价值,这忽视了资本主义生产的社会本性,忽视了劳动分工的复杂性。实际上,它预设了每个工人独立地生产维持生计的东西。在现实中,每个工人劳动着,并获得了对社会中生产的全部价值的权利。继而,他交换这种权利,反对使用价值的积累,使用价值是所有工人联合起来合作劳动的结果。①

第二,交换使商品价格与商品价值出现系统的差异。结果,利润－工资率有可能不同于生产必需品和生产剩余产品所需要的抽象劳动——马克思称之为必要劳动时间和剩余劳动时间——的

---

① 参见 Weeks(1981, pp. 64, 71 – 72)。由此可知,"剩余价值率作为社会积累而存在,它不依赖于任何具体的产业。这来自劳动力价值的社会本性,因此,认为剩余价值率随行业的不同而不同,认为剩余价值率是不同行业平均值的累加,这些看法都不正确"(p. 170)。与此相反的观点,参见 Duménil(1980, pp. 76 – 77)和 Gerstein(1986, p. 65)。

比例（参见后文）。第三，工资、价格和利润取决于市场价格，不管生产条件怎么变化（尤其是信用体系发展起来以后），它们都有很大的波动。

总的来看，物质层面对剥削的分析表明了不同剥削方式的共性，但它不能找出每种剥削方式的特性。与之相比，宏观经济层面对资本主义剥削的分析很有用，因为它以经验研究为基础。然而，它关注剥削的某种结果（而非原因），即工人没能力拥有全部净产品；而且它具有潜在的误导性，因为利润－工资率只是衡量剥削的粗略标准。

第三，价值分析能为资本主义剥削的本质下定义，把它与其他剥削方式区分开来，并且有助于经验性研究。价值分析与剩余价值方式有共同之处，它暗示了工人受剥削的原因：工人工作的时间长于生产他们所消耗、所控制的商品所必需的时间。[1] 马克思所说必需品指的是工人阶级占有的货物，它们由必要劳动生产出来，它们的价值是劳动力的价值（参见本章第二节）。与之相比，资本家占有剩余产品，即由剩余劳动所创造的、其价值是剩余价值的东西。

必需品和剩余产品的存在，以及社会劳动时间分化为必要劳动和剩余劳动，是任何生产方式下的剥削都会有的结果。然而，劳动力价值和剩余价值两个概念以及它们的表现形式——工资和利润（包括产业和商业利润、利息和租金），是资本主义的必要因素；因为在这种生产方式中，唯有剥削是价值关系和商品形式的中介。

---

[1] "剩余价值表现在（实际存在于）剩余产品中，即超过仅仅补偿产品原有要素、因而加入产品生产费用的那部分产品（如果把不变资本和可变资本合起来计算，这部分产品就等于预付在生产中的资本）之上的剩余产品中。"（*Theories of Surplus Value* 1, p. 213）还可以参见 pp. 389 – 390 和 *Capital* 1（pp. 978, 992）。

第四章 工资和剥削

更一般地说，不同的生产方式是由榨取和占有剩余物的方式区分开来的。必需品与剩余产品的不同完全取决于剥削的存在：

> 一般剩余价值能够作为客观现象而存在，只是因为它由榨取直接的劳动者而来……没有各个阶级，社会产品的任何部分都不会表现为剩余产品。在这种情况下，对一件剩余产品的推断，必定以剩余产品的物质定义为基础，这种推断必定来自外在于该社会的分析者。因而，一件普遍的剩余产品要么是客观的剥削现象，是社会的可以观察到的物质事实；要么来自外在的观察者的任意的、主观的定义。①

与前资本主义生产方式相比，资本主义剥削并不公然依赖于政治和人际关系。因此，它并非主要取决于个别农场、工厂或公司的生产水平。资本主义剥削取决于社会生产水平，它受市场主导下的劳动及其产品分配的影响。② 然而，剥削如何与雇佣工人的自由（即是否跳槽）相契合，如何与资本家的自由（即决定自身生产什么、以何种水平生产）相契合，都不是一目了然的。马克思最重要的成就之一就在于解释了下列现象：无论如何，雇佣工人都无法避免被剥削。

在资本主义下，社会再生产受价值规律或等价交换原则的引

---

① 参见 Weeks (1981, p. 15)。这个定义暗示剩余产品不依赖于产出的水平和构成。对 Wright (1981, p. 150) 来说，"剥削可被定义为一种社会关系，在这种关系中，剩余劳动之所以被占有是由于对劳动的统治、对剩余产品的占有。由于劳动一旦有所表现就会被物化在劳动产品中，因此，简短地说，剥削就是占有剩余劳动的过程"。还可以参见 Chattopadhyay (1994, p. 6; 2000) 和 Lapides (1998, p. 181)。

② Postone (1993, p. 125) 的论证是正确的："资本主义的社会劳动不仅仅是统治和剥削的对象，它本身就是统治的根基。"还可以参见 (1994, p. 14) 和 Milonakis (1993 – 94)。

导（参见第八章第二节）。在价格机制中，即社会需求与社会产品之间发出信号、有所反应并做出回应的过程中，这一原则是始终一致的。在这个阶段，价值规律的两点含义是有关联的。第一，在等价交换下，商品拥有者只有增加自身产品的价值，才能要求交换更有价值的货物，或者价值转移是可能的，例如投机者能通过贱买贵卖获得利润。然而，有价值的社会产品其总价值是一定的，在这种情况下，不可能每个出售者都能获得这些额外的利润（一个人获得某价值必然以另一个人失去该价值为代价）。在这个层面的分析中，价值规律表明资本主义剥削并不建立在非等价交换的基础上。[①]

第二，资本主义剥削是用工人生产的价值与他们占有的价值之间的差别衡量的。换句话说，榨取剩余价值获得的总利润在质量上是确定的、在数量上是有限的（参见第七章）。更准确地说，工人在市场上出卖自己的劳动力，并收到等于其劳动力价值的报酬（参见本章第二节）。这是等价的交换，因为劳动力价值足够高，能让工人阶级再生产自身（并在下一个阶段供给劳动力），但是劳动力的价值又太低，不足以让工人们作为一个阶级威胁到资本主义对生产方式的垄断。

在生产中，工人们依据工作日长度、所受训练和劳动强度，创造相应比例的新价值（参见第五章）。劳动阶级新创造的价值和劳动力价值之间的差别就是剩余价值。剩余价值以利润的方式出现，它是支付生产成本后剩下的那一部分。简而言之，资本主义下工人受到剥削，因为他们创造的价值多于他们控制的价值、多

[①] 参见 M. Smith (1994a, pp. 52 – 54), Rubin (1975, pp. 67, 78, 168, 251), Shaikh (1982, p. 69) 和 de Vroey (1981, p. 195)。

于他们收到的工资：

> 于是，工资的形式消灭了工作日分为必要劳动和剩余劳动、分为有酬劳动和无酬劳动的一切痕迹。全部劳动都表现为有酬劳动。在徭役劳动下，服徭役者为自己的劳动和为地主的强制劳动在空间上和时间上都是明显地分开的。在奴隶劳动下，连奴隶只是用来补偿他本身的生活资料的价值的工作日部分，即他实际上为自己劳动的工作日部分，也表现为为主人的劳动。他的全部劳动都表现为无酬劳动。相反地，在雇佣劳动下，甚至剩余劳动或无酬劳动也表现为有酬劳动。在奴隶劳动下，所有权关系掩盖了奴隶为自己的劳动，而在雇佣劳动下，货币关系掩盖了雇佣工人的无代价劳动。①

剩余价值（剩余劳动时间）与劳动力价值（必要劳动时间）的比率就是剥削率（剩余价值率）。剥削率不能被直接衡量，因为它取决于抽象劳动而非具体劳动。然而这个概念很有用，因为它表明在其他条件不变的情况下，资本主义剥削增加的理由至少有

---

① 参见 *Capital* 1（p.680）。Weeks（1981，p.45）的论证是正确的："对无偿劳动的占有，在奴隶制和封建制下一目了然，在资本主义下表现为等价交换；这一平等的外观也反映了私人所有权上平等的外观，并且掩盖了这个事实——工人所拥有的唯一的东西即他（或她）的劳动能力。再者，对工人而言这一异化的'所有权'只能出售给资本家。资本主义条件下的交换规律是这样的：资本家按价值交换，并占有剩余价值和积累；工人按价值交换，并上缴无酬劳动。"马克思本人对其剩余价值理论的详细阐述，参见 *Capital* 1（pp.263 – 270，300 – 302，317 – 320，668 – 672），*Capital* 2（p.461），*Theories of Surplus Value* 1（pp.45 – 46，315）和 Marx（1988b，p.85；1998，p.47）。还可以参见 Aglietta（1979，pp.46 – 47），Chattopadhyay（1994，p.20；1998，p.235），Roberts（1996，pp.206 – 207）和 Shaikh（1977，pp.120 – 121）。

三个：第一，工作更长的时间；① 第二，劳动强度的增加，例如，用易受摆布的工人取代不那么顺从的工人，以便增加劳动强度；第三，生产必需品时部门生产率的提升缩短了必要劳动时间。马克思把前两种称为绝对剩余价值的生产，把第三种称为相对剩余价值的生产。② 绝对剩余价值的榨取是有限的，因为不可能无限延长工作日、无限增加劳动强度，而且，工人逐渐学会了有效地抵制这种形式的剥削。与之相比，相对剩余价值更加灵活、更难以抵制，因为生产率的增长能把工资的增长远远抛在后面。③

---

① "当工人们争取工作日减到原先的合理范围时，或者，当他们不能强迫法律规定正常的工作日，而用提高工资的办法，使工资提高得不仅和被勒索的剩余时间成比例而且还要超过这一比例，来防止过度劳动时，他们只是在对他们自己和他们的种族履行义务。他们不过是对资本的横暴掠夺设置一些限制而已。时间是人类发展的空间。一个人如果没有自己处置的自由时间，一生中除睡眠饮食等纯生理上必需的间断以外，都是替资本家服务，那么，他就还不如一头役畜。他不过是一架为别人生产财富的机器，身体垮了，心智也变得如野兽一般。现代工业的全部历史还表明，如果不对资本加以限制，它就会不顾一切和毫不留情地把整个工人阶级投入这种极端退化的境地。"(Marx 1998, pp. 60 – 61)

② 参见 Capital 1 (pp. 430 – 437, 645 – 646), Theories of Surplus Value 1 (p. 216), Theories of Surplus Value 2 (p. 266), Aglietta (1979, p. 55), Foley (1986, p. 50) 和 Lapides (1998, p. 192)。

③ "从一定观点看来，绝对剩余价值和相对剩余价值之间的区别似乎完全是幻想的。相对剩余价值是绝对的，因为它以工作日超过工人本身生存所必要的劳动时间的绝对延长为前提。绝对剩余价值是相对的，因为它以劳动生产率发展到能够把必要劳动时间限制为工作日的一个部分为前提。但是，如果注意一下剩余价值的运动，这种表面上的同一性就消失了。在资本主义生产方式一旦确立并成为普遍的生产方式的情况下，只要涉及剩余价值率的提高，绝对剩余价值和相对剩余价值之间的差别就可以感觉到了。假定劳动力按其价值支付，那么，我们就会面临这样的抉择：如果劳动生产力和劳动的正常强度已定，剩余价值率就只有通过工作日的绝对延长才能提高；另一方面，如果工作日的界限已定，剩余价值率就只有通过工作日两个组成部分即必要劳动和剩余劳动的相对量的变化才能提高，而这种变化在工资不降低到劳动力价值以下的情况下，又以劳动生产率或劳动强度的变化为前提。"(Capital 1, p. 646)

第二节 劳动力的价值

通常用两种明显不同的方式分析劳动力的价值。① 传统方式（参见第二章第一节）是：劳动力的价值是由一定量的货物（即工人的消费篮子）确定的。另一种（参见第二章第二节）方式是：劳动力的价值已经被定义为净产品中的工资份额。虽然这两种思路都很有价值，但它们也有严重缺陷。本小节将批判性地评述这些方式，并勾勒出对劳动价值论的另一种解读。

定量方式也许是对劳动力价值的最著名解读。它自称能得到马克思的支持，例如，

> 同任何其他商品的价值一样，劳动力的价值也是由生产从而再生产这种独特物品所必要的劳动时间决定的……生产劳动力所必要的劳动时间，可以归结为生产这些生活资料所必要的劳动时间，或者说，劳动力的价值，就是维持劳动力占有者所必要的生活资料的价值。②

虽然有这种文本支持，虽然决定了物质的盈余，但是，出于三个理由，定量方式并不充分：第一，它建立在对马克思文本的极其有限的解读上；③ 第二，它不能解释货币工资是如何被决定

---

① 这一部分利用了 Fine (1998) 和 Fine, Lapavitsas and Saad-Filho (2000) 的观点。
② 参见 *Capital* 1 (p.274)。参见 pp.275-276, 430-431, 655, *Capital* 2 (pp.290-291, 458), *Theories of Surplus Value* 1 (p.45), Marx and Engels (1998, pp.29-30)。还可以参见 Bandyopadhyay (1981), Medio (1977, p.384) 和 Steedman (1977, p.41)。
③ 对这种方式的文本基础的毁灭性批判，参见 Baumol (1992), Lapides (1998) and Lebowitz (1992)。

的，不能解释工资水平在劳动市场上各个部门工的差异；第三，这种解读遮蔽了劳动力的商品属性。它彻底否定了工资的货币支付方式，它把工人及其消费的货物混在一起，或者说，它把工人的开销混同于劳动力的"生产技术"，仿佛人类的这种能力之所以被制造出来就是为了利润。在这两种情况下，两个根本性的不同消失了：一方面是雇佣工人与奴隶、役畜、机器或其他任何投入之间的区别，另一方面是劳动力的价值与工人创造的价值之间的区别：

> 如果现在我们用工人的生活资料来替换资本的可变部分转化成的劳动力本身，那就很清楚，就价值形成来说，这种生活资料本身，同生产资本的其他要素，同原料和役畜的生活资料是没有区别的……生活资料本身不能增殖自己的价值，或者说，不能把剩余价值加到自己的价值上。生活资料的价值，和生产资本其他要素的价值一样，只能在产品的价值中再现。它加到产品中去的价值，不可能多于它原有的价值。①

正如马克思之前预料的，接受定量方式会引导一些人得出这种结论——工人受剥削只是个武断的预设，因为对劳动力价值的这个定义会导向这些相同的结果——玉米、钢铁或能源也在受剥削（参见第二章第一节）。

定量方式的局限性，定量方式对马克思价值理论的破坏性结

---

① 参见 Capital 2 (pp. 290 - 291)，还可以参见 p. 245, Theories of Surplus Value 1 (p. 315) and D. Harvey (1999, p. 47)。Lebowitz (1992, p. 17) 的主张是对的："离马克思最远的莫过于这个信念——一定量的必需品。从早年起，马克思就拒绝'抽象的人'的概念，并且强调伴随社会的发展，人类的新需求也会随之出现。"

果,以及价值分析由物质数据向宏观货币关系的研究,共同引导许多人寻求其他解释。在这种背景下,"新解释"对劳动力价值的定义——净产品中的工资份额——流行起来(参见第二章第二节):

> 劳动力的价值是指工人因自身劳动力收取的、以货币工资为形式的抽象劳动时间……资本主义社会的工人不要求(也不会收到)一定量的商品作为自身劳动力的报酬,它们收到一定量的货币(即货币工资),继而按自身的意愿去消费……通常的解读……让作为中介因素的货币消失不见。把货币的价值当作随货币的价值而增殖的货币工资,这种解读方式把货币概念引入对资本主义生产体系的基本解释之中,它表明资本主义剥削的特殊性就在于以货币形式对剩余价值的占有。①

这种解读表明工人被支付了他们能够得到的最高工资,并以不受限制的方式去花掉这些工资。这种观点有很重要的价值,尤其是它认可了分配冲突在确定工资率时所起的作用。②

虽然有这些效力,但它也有很大的缺点。第一,马克思明确反对这种方式:

> 他[工人]的工资多少,不决定于他在产品中所占的份额,倒是他在产品中所占的份额决定于他的工资量。工人实

---

① 参见 Foley (1982, p. 43)。还可以参见 Duménil (1980, pp. 31, 77; 1984, p. 341), Foley (1986, p. 36) 和 Lipietz (1982, p. 75)。

② "工资……[是]工人阶级对自身需求的权力,这种权力的程度只取决于阶级斗争。"(Cleaver 1984, p. xxiv) 还可以参见 D. Harvey (1999, pp. 52 – 54)。

际上取得产品价值中的一个份额。但是，他所取得的那个份额决定于劳动的价值，而不是劳动的价值反过来决定于他在产品中所占的份额。劳动的价值，是由工人再生产他自身所需要的劳动时间确定的；这是由工人的劳动能力出卖给资本家而确定的。实际上，工人在产品中所占的份额也是由此而确定的。而不是相反，不是先确定他在产品中所占的份额，然后由这个份额决定他的工资的水平或价值。[①]

第二，它在分析上空洞无意义，因为虽然根据以往经验，工人配得上在国民净收入中占有一个份额，但是，它只不过是赘述资本和劳动力两种力量的平衡，而对占有多少份额和购买哪些货物没做任何解释。仿佛劳动力的经济和社会再生产与剥削过程无关，与工资的确定无关。换句话说，定量方式设定了一个特定（但未加以解释）的消费篮子，它在后来被用于价格体系的确定；份额模式从给定（但未加以解释）的价格和工资出发，以便获得工人消费量（其构成也未加以解释）的价值。

第三，份额模式预设了资本与劳动之间的关系是对称的，在这种情况下，以两大阶级的市场支配力为基础，净产值主要被两大阶级所占有。这是错误的，因为无论资本主义社会分配上的冲突多么重要，为了占有净产值而展开斗争时，利润和工资并非被同时确定的。在现实中，资本家利用工人之前创造的价值提出劳动力的价值，而且资本家保有产品售出后的剩余利润。因此，利润和工资之间的关系从根本上不同于商业利润、利息和租金之间的关系，在榨取工人的剩余价值上，这两种主张是相互冲突的：

---

① 参见 *Theories of Surplus Value* 3 (p. 94)，还可以参见 *Theories of Surplus Value* 2 (p. 418)。

> 就净产值分配展开的斗争……是间接的，因为与工资水平的确定相呼应的利润水平的确定以生产过程为中介。换句话说，这种思考是错误的：在虚构出来的生产周期结束后，存在着特定的净产值要在资本家和工人之间分配。采纳这种理论框架，就是在分配关系上对称地对待资本与劳动，然而资本流通总量揭示了它们的地位一点儿都不对称。①

更普遍地说，资本和劳动关系在以下层面上是不对称的。（1）为了平等而讨价还价的工资关系不过是个假象，因为讨价还价的一方垄断了生产条件，而另一方急需工资以便活下去。（2）当资本家以给定的工资（甚至拖欠工资）购买劳动力时，资本循环开始了。与之相比，利润是完成了工资和其他生产消费的支出后剩余的东西。在现实中，生产完成的时候，根本没有一个特定的蛋糕等着被分配。（3）购买了劳动力之后，资本家必定迫使工人生产比劳动力价值更多的价值，这种不同取决于生产中的阶级冲突。（4）决定产品水平和构成以及未来投资的，只能是资本家。

> 生产领域也被加进来以后……无论在分配关系上还是在国民收入中获取利润和工资上，资本与劳动的表面的对称性消失了，因为工资的支付是生产过程开始的前提条件（或者更准确地说，购买劳动力确实是这样的，购买之后很快就要支付）。利润是生产过程的结果或产物，而不是支付工资以后所占有的利益份额。结果，即使工资更低一些时利润会更高

---

① 参见 Fine (1980, pp. 22 – 23)。还可以参见 *Capital* 1 (pp. 712 – 713)，*Theories of Surplus Value* 1 (p. 315)，Gleicher (1989)，Rowthorn (1980, pp. 38 – 39) 和 Saad – Filho (1996a)。

一些，资本和劳动的分配关系也不具有多样性……毋宁说，利润首先依赖于资本家从生产过程榨取剩余价值的能力；无论工资水平如何，资本家都要强迫工人劳动，并使劳动时间长于生产出这些工资所需要的时间。①

第四，劳动力价值这个概念太笼统，它并不有助于价值理论的发展：

> 非劳动所得是无须价值理论证明的经验事实，这是千真万确的；然而，决不能由此得出这种结论——缺少了价值理论的分配理论也能站得住脚。非劳动收入是生产中被雇佣之人的剩余劳动果实，仅仅说出这一点的"分配理论"甚至根本算不上一个理论……充其量，这样一个"理论"无非是抽象地描述了（任何阶级社会中）生产方式的拥有者对被剥削阶级剩余劳动产品的占有……此外，在［资本主义］社会中，社会各主要阶级对国民收入的占有额是如何确定的？除非同意用"强力"或"斗争"等术语做出的某些解释（在这种情况下也很难说有什么分配理论），否则，没有对价值理论的解释，一个人就不可能给这些问题以充分的答案。②

总的来看毫无疑问的是，每种生产模式下，工人都只要求净产品的一部分。在资本主义制度下，剥削通过每小时附加的价值和工资率的差别体现出来。虽然份额方式认可这些简单的真理，但它并不充分，因为它不能超越剥削的一个结果——工人没能力购买全部净产品。

---

① 参见 Fine（1989, pp. 52 – 53）。
② 参见 Meek（1973, p. 215）。

第四章 工资和剥削

从根本上说，定量式和份额式之所以不充分，是因为它们试图把劳动力价值直接转化为具体结果。然而它们都没认识到，最初劳动力价值与一定数量的货币或货物联系起来时是不恰当的。①在现实中，劳动力价值既不是一定数量的货物也不是一定数量的货币，它是一定数量的价值，即生产必需品时工人阶级花费的抽象的劳动时间。从积累水平看，这种价值取决于资本与劳动交换的总体水平，取决于生产中的劳动与剥削：

> 工资的价值不是按照工人得到的生活资料的量来计算的，而是按照这些生活资料所耗费的劳动量（实际上就是工人自己占有的那部分工作日），按照工人从总产品中，或者更确切地说，从这个产品的总价值中得到的比例部分来计算的。②

关于劳动力价值的这个概念蕴含着之前讨论过的其他两个概念，又没有那两个概念的缺点。一方面，它意味着工人阶级是受剥削的，因为工人阶级生产的部分产品以货币形式被资本家所占有。而且，它还承认资本主义剥削无可避免地包含着货币因素和宏观经济因素（而不是仅仅充斥着这种超历史的观点——工人没能力拥有全部净产值）。另一方面，它并没有预设为了获得特定结果必须消费一定量的货物，因此，它避免了把工人与役畜、机器或电力混淆在一起。

---

① 接下来这段话利用了 Fine, Lapavitsas and Saad‑Filho（2000）的观点。Brunhoff（1978a, p.12）正确地论证说："通常的情况是：创建一种工资理论会引向相冲突的两种立场，即要么把工资与劳动力价值联系起来，试图对劳动力价值做出尽可能精确的数量估算，要么认为工资是'外生变量'、它取决于为占有社会产品进行的斗争。定量货物视角的'经济主义'和就分配所作斗争的'唯社会论'都能从马克思的其他表述中找到一些支撑。"

② 参见 *Theories of Surplus Value* 2（p.419），还可以参见 Weeks（1984）。

工资水平和工人的消费标准是劳动力再生产的部分内容。它们在劳动力市场上系统地变化着，必须把这些变化区分开以避免"平均主义"，工人阶级在职业、收入、性别、年龄和家庭消费构成上花的钱不尽相同。依据工资或消费水平，应当以更复杂的（而不是平均的）方式去理解标准；因为需求水平、消费和工资是社会经济学运动过程的结果，正是这个结果决定着消费的模式，尤其是决定着生产和需要的满足。① 这些需求和消费模式是什么以及它们是如何被确定的，会随商品的不同和工人阶级所处行业的不同而有很大变化。饮食习惯、住房、娱乐等不仅在工人阶级内部有所不同，而且其消费模式和消费水平也来源于不同的结构和过程，例如雇佣结构、政府角色、家务结构和内容、技术水平（的变化）、工会组织的作用以及工人阶级各个部分的政治影响力。②

总的来说，脱离了与资本积累有关的矛盾趋势——涉及消费结构、雇佣和为分配展开的斗争——的复杂分析，就不能合法地把劳动力价值概念化。③ 通过下列中介——生产什么和如何生产、需求和习俗的确定以及它们对生产结构和分配结构的反映，这个分析得出了社会劳动时间的确切占有份额。用定量的消费抑或由

---

① "资本主义下工人新需求的发展意味着……每个新需求都会成为对工作的新要求、为工资增添新负担。每个新需求都会成为把工人绑缚在资本上的新的金锁链。为工人创造新需求……'是开化的关键一步，这在历史上有很多明证，但是，它同时也是资本主义所依赖的力量'……简而言之，未得到满足的社会需求的存在，构成了工人需要更多货币、更高工资的基础。"（Lebowitz 1992, pp. 25, 30）还可以参见 pp. 27 - 29, P. Harvey (1983), Lapides (1998), Ong (1980, pp. 266 - 267) 和 Rowthorn (1980, ch. 7)。

② 参见 Fine (1998), Fine and Heasman (1997) 和 Fine and Leopold (1993); 相关评价参见 Saad - Filho (2000b)。

③ 参见 *Capital 1* (pp. 763, 770 - 771, 790)。

外在决定的工资水平来简化决定的过程,这不足以解释劳动力价值的社会意义和历史意义。而且,它们有可能误导人,因为它们预设了劳动力价值和工资水平之间有中介物。

第三节 结论

本章对剥削的价值分析表明剥削这种阶级关系包含两个方面:资本家要求占有生产出来的部分产品,以及资本家对各生产要素(包括投资的货物和增长的源泉)的绝对控制。这两个方面都来自资本家对生产方式的垄断,来自由商品到产品的一般形式的转化,来自资本家对劳动过程的控制(参见第五章)。无论物质层面还是宏观货币层面,剥削都明显地牵涉其中。在物质层面上,物质剩余揭示了剥削的存在;在宏观货币层面上,剥削通过利润-工资率显现出来。

分析剥削时只关注其一个方面是有局限性的,这种做法受到激烈批判。对剥削的另一种分析方式以阶级分析和对劳动力价值的价值理解为基础,它比众所周知的解读方式有更大的解释力,并且避免了它们的缺点。

第五章　价值、价格和剥削

随着复杂性的提高，价值与阶级的关系、价值与剥削的关系（参见第三章和第四章）以及价值的价格表述（本章）相继被纳入价值分析的范围。

商品是由一系列相协调的具体劳动——它们通常是在农场、工厂或办公室完成的——创造出来的。这些劳动是伴随着不同程度的有效性、多样性的技巧，独特的科技以及不同的时间点完成的。虽然有这些不同，但是，所有同类型的商品具有同样的价值，而价值通过价格表现出来。出于两个原因，不能在公司或部门层次上定义商品的价值。第一，价值创造是由居主导地位的某种特定的生产关系所决定的社会过程，在这种情况下，私人生产只有作为社会总生产的一部分才有意义。第二，价值和价格取决于再生产每种类型的商品所必需的抽象劳动时间。总的来看，产品的价值形式取决于劳动的社会分工，价值的数量取决于集体的努力和社会的生产潜能，价格取决于大量的商品（而不是取决于某个孤立的公司或部门）。

劳动的均等化以及价值和价格的确定是现实过程的产物，该过程分为三个阶段：第一，私人劳动在同一类商品的生产中被规范化；第二，私人劳动在过去生产同一类商品或用不同技术生产同一类商品中被同步化；第三，私人劳动在其他类型的劳动中——这些劳动作为商品都等同于虚拟货币——被均质化。①

本章分为四节：第一节解释劳动的规范化，包括由复杂劳动还原为简单劳动以及内部竞争；第二节分析劳动的同步化，包括厘清再生产的价值、价值转化以及技术变革的影响；第三节阐释劳动的均质化，包括供求不平衡时市场价格的确定；第四节总结。

第一节　劳动的规范化

在两种意义上，资本主义生产是大生产。第一，产出通常很大。即便可用商品多到眼花缭乱的时候，订单也源源不断，广义上的商品生产（包括资金、账目、设计、计划、物流、雇佣训练和劳动力管理、制造、市场、分配等）通常是在庞大组织周密且专业的管理下进行的大规模的持续性生产。这个过程的每一步都与其他步骤纠缠在一起，都与其他地方进行的生产纠缠在一起。

第二，资本主义生产雇佣大量工人。即便众多的私人公司小巧、精简或独立运行，生产过程仍在纵向上被整合成组织严密的供给系统或商品链条，它雇佣大量工人以便生产特定商品，包括食物、衣物、汽车、电视和其他许多东西。② 在每个供给系统中，私人劳动者的具体劳动只不过作为整体的部分而存在，而且它的完成有赖于管理者和机器发出的命令。因而，资本控制下完成的雇佣劳动是平均劳动：

> 资本主义生产实际上是在同一个资本同时雇用人数较多

---

① 参见 Saad-Filho（1993a，1997a）；还可以参见 Lee（1990）。
② Fine and Leopold（1993）讨论了供给系统；Gereffi and Korzeniewicz（1994）分析了商品链条。

的工人，因而劳动过程扩大了自己的规模并提供了较大量的产品的时候才开始的……这在历史上和概念上都是资本主义生产的起点……对象化为价值的劳动，是社会平均性质的劳动，也就是平均劳动力的表现……因此对单个生产者来说，只有当他作为资本家进行生产，同时使用许多工人，从而一开始就推动社会平均劳动的时候，价值增殖规律才会完全实现。①

劳动在生产中（而非在市场上）的平均产出就是简单商品生产（参见第二章第二节），这源于资本主义生产的组织性、整体性和机械性特征：

> 一个工人是给另一个工人，或一组工人是给另一组工人提供原料。一个工人的劳动成果，成了另一个工人劳动的起点。因此在这里，一个工人是直接给另一个工人提供工作……各种劳动因而各个工人之间的这种直接的互相依赖，迫使每个工人在自己的职能上只使用必要的时间，因此在这里形成了和独立手工业中，甚至和简单协作中完全不同的连续性、划一性、规则性、秩序性，特别是劳动强度。在一种商品上只应耗费生产该商品的社会必要劳动时间，这在商品

---

① 参见 Capital 1（pp. 439 - 441）。还可以参见 pp. 442, 453, 953 - 954, Aumeeruddy, Lautier and Tortajada（1978, p. 54），Elson（1979b, pp. 137 - 138）和 Thompson（1967）。Lebowitz（1992, pp. 67, 69, 还可以参见 p. 78）的论述是正确的：集体劳动提高了劳动生产率，资本获益颇丰，"生产中劳动的任何简单协作和联合产生了劳动的社会生产率，它超过单个的、独立的生产率的总和……因此，在资本主义条件下，社会劳动的生产性力量（包括合作中的集体统一，联合起来的分工劳动，对自然和科学力量的使用）显现为资本主义的生产力，即中介。资本能保证的是社会联合劳动的生产力，它表现为内在于资本的生产力"。

第五章 价值、价格和剥削

生产的条件下表现为竞争的外部强制，因为肤浅地说，每一个生产者都必须按商品的市场价格出售商品。而在工场手工业中，在一定劳动时间内提供一定量的产品，成了生产过程本身的技术规律。①

大生产总是把劳动平均化。前资本主义生产模式下大生产只是例外，它以碎片化和小规模生产为特征；资本主义条件下大规模生产已经普遍化。再者，唯有在资本主义条件下，公司才与生产相同货物的其他公司在广阔市场上展开竞争，这迫使公司强制推行更严格的生产标准和强制推行创新（本章第二节）以求得生存。

由生产和交换产生的这些压力，使得资本主义生产中使用的雇佣劳动规范化。劳动规范化是个双重过程：一方面，如前所述，它是每个公司和每个部门的劳动生产率的平均化；② 另一方面，规范化涵盖了每个公司和每个部门在每种商品的社会化生产过程中完成的所有劳动。

认识到这一事实——生产同一种使用价值时劳动被规范化了——在价值分析上有三个重要结果。

第一，确定着价值的劳动时间是由社会而不是由个人决定的；商品价值表达了生产每种商品所必需的抽象劳动时间，而不是任何

---

① 参见 *Capital* 1（pp. 464 – 465）。换言之，"一切资本主义生产……有一个共同点，即不是工人使用劳动条件，相反地，而是劳动条件使用工人，不过这种颠倒只是随着机器的采用才取得了在技术上很明显的现实性。由于劳动资料转化为自动机，它就在劳动过程本身中作为资本，作为支配和吮吸活劳动力的死劳动而同工人相对立"（*Capital* 1，p. 548）。还可以参见 pp. 468 – 469，1012 和 Aglietta（1979，p. 113）。
② 从定义看，同一行业或同一部门的公司生产同样的使用价值。

单个的工人或公司生产物品的某个样本所需要的具体劳动时间。①

第二，具有同一使用价值的商品拥有相同的价值，而无论这些商品的单个生产条件如何（参见本章第二节）。②

第三，在生产中，劳动和投入转化成产出。因此，规范化包含的不仅是生产的最后一个阶段进行的劳动（如组装、包装或运输），还有之前的阶段生产其他投入时的劳动。结果，商品价值的一部分是由商品自身的生产创造的，商品价值的另一部分取决于必要的社会生产手段的价值。③

一 劳动强度和复杂性、教育和训练

假设工人们是一样的，并且某个商业领域诸多公司的运作也

---

① "例如，如果我们在纺纱，就会看到我们的生产率在社会平均值上下波动……但是，如果是在某个特殊领域以规范的强度纺纱，例如，如果一小时内生产一定数量的纱线耗费的劳动 = 给定的社会条件下平均每小时纺纱得到的纱线数量，那么对象化在纱线中的劳动就是社会必要劳动。它与作为标准的社会平均劳动具有数量上的决定关系，所以我们能说它们数量相等或哪个多一点、哪个少一点。它本身表达了特定量的平均劳动。"（*Capital* 1, p. 1019）

② "如果我们的某个人制造的是对于别人没有使用价值的物品，那么他的全部力量就不能造成丝毫价值；如果他坚持用手工的方法去制造一种物品，而用机器生产这种物品所花的力量只是前者的二十分之一，那么他所投入的二十分之十九的力量既没有造成一般价值，也没有造成某一特定的价值量。"（Engels 1998, p. 240）

③ "生产棉花所需要的劳动时间，是生产以棉花为原料的棉纱所需要的劳动时间的一部分，因而包含在棉纱中。生产纱锭所需要的劳动时间也是如此，因为没有纱锭的磨损或消耗，棉花就不能纺成纱……因此，在考察棉纱的价值，即生产棉纱所需要的劳动时间时，可以把各种不同的在时间和空间上分开的特殊劳动过程，即生产棉花本身和生产所消耗的纱锭量所必须完成的劳动过程，以及最后用棉花和纱锭生产棉纱所必须完成的劳动过程，看成是同一个劳动过程的前后相继的不同阶段。棉纱中包含的全部劳动都是过去的劳动。至于生产棉纱的各种形成要素所需要的劳动时间是早已过去的，是过去完成的，而在纺纱这一最后过程中直接耗费的劳动则是接近现在的，是现在完成的，这种情况是完全没有关系的。"（*Capital* 1, p. 294）

是一样的,但是,其中一个公司的劳动强度与其他公司相比更高。这种不同可以从两个层面加以区分:从利润率的角度看,劳动强度更大的公司获得的利润更多,因为它的单位劳动消耗比对手低;从价值创造的角度看,利润率上的这种不同源于高强度劳动下更大的价值创造能力:

> 劳动强度的提高是以在同一时间内劳动消耗的增加为前提的。因此,一个强度较大的工作日比一个时数相同但强度较小的工作日体现为更多的产品……在这种情况下,产品的数量增加了,但它们的价格没有下降。随着产品数量的增加,它们的价格总额也就增大……强度较大的工作日的价值产品随着它的强度同社会的正常强度的偏离程度而变化。①

所得结论更具有普遍性:劳动强度或劳动复杂性上的不同或变化,以及劳动力教育和训练水平上的不同或变化,对价值生产有相同的影响:

> 商品价值体现的是人类劳动本身,是一般人类劳动的耗费……比较复杂的劳动只是自乘的或不如说多倍的简单劳动,因此,少量的复杂劳动等于多量的简单劳动。经验证明,这种简化是经常进行的。一个商品可能是最复杂的劳动的产品,但是它的价值使它与简单劳动的产品相等,因而本身只表示一定量的简单劳动。②

---

① 参见 Capital 1 (pp. 660 – 661)。还可以参见 p. 987 和 Theories of Surplus Value 3 (pp. 307 – 308)。
② 参见 Capital 1 (p. 135)。还可以参见 p. 306, Contribution (pp. 272 – 273), Marx (1976, p. 9), P. Harvey (1983) 和 Rubin (1975, pp. 156, 161)。

总的来说，在其他一切不变的情况下，劳动的强度和复杂性越高，工人受到的教育和训练越好，一般而言，每小时就创造更多的使用价值和更多的价值。价值数量的不同取决于每个商品行业的个人生产率和社会生产率的关系，这种关系是唯有经过事后分析才能准确认识的东西。更一般地说，工资上的不同或可能的变化，与劳动力的价值抑或剥削率之间，没有必然的或系统的关系（与此类似，劳动力价值和由劳动创造的价值之间也没有任何特定的关系；参见第四章第一节）。

马克思的结论受到批评，因为简化系数（熟练劳动和简单劳动的价值－生产率的比例）不是内生性的。① 为解决这个已被觉察到的问题，两个备选方案被提了出来：由工资得出的简化和由储存在经过训练的工人身上的间接劳动得出的简化。② 由工资得出的简化预设了经受训练的工人的生产率与其货币回报之间存在确定的关系，或者说单个的剥削率是一样的。然而，出于三个理由，并没有关于这些预设的相关证明。第一，劳动力并不是劳动主体（工人阶级）为了利润最大化而生产并出售的商品；或者说，雇佣模式主要不是由剥削率决定的。第二，工人阶级的工资差异只在很小程度上取决于单个工人在价值创造能力上的不同；在很大程度上，工资差异来源于习俗、传统和管理者的深思熟虑——以此把工人区分开。第三，即便情况并非如此，也不可能评判单个工

---

① 参见 Böhm – Bawerk（1949，pp. 81 – 84）和 Meek（1973，pp. 240 – 241）。
② 分别参见 Meek（1973，pp. 171 – 176）和 Rosdolsky（1977，ch. 31）；以及 Hilferding（1949），Roncaglia（1974）和 Rowthorn（1980，ch. 8）。相关批判，参见 Lee（1990）。还可以参见 Attewell（1984），J. Devine（1989），Fine（1998），Gerstein（1986），Giussani（1986），D. Harvey（1999，p. 61），P. Harvey（1985），Itoh（1987），Marglin（1974）和 Tortajada（1977）。

人在机器大生产中的作用。①

由储存在经过训练的工人身上的间接劳动得出的简化,预设了熟练劳动力的耗费是如下因素之和:熟练工人现时态进行简单劳动的耗费,该工人在过去学习技能时耗费的简单劳动的一部分,以及参与训练过程之人的直接或间接劳动的一部分。这种观点站不住脚,因为它把训练和教育混同于机器和其他资本因素中存储的劳动(参见本章第二节);换句话说,它以不同方式解释了熟练工人的价值创造能力,而不是简单劳动的价值创造能力。与简单劳动相比,这种方式预设了熟练劳动没有价值创造能力;熟练劳动的消耗只不过是过去劳动的回流,它摒除了训练有存储劳动的可能性。② 总而言之,让我们重申下列观点:

> 绝对没有这种推测:一小时更高强度劳动增加的价值创造能力,与(生产出这一小时的劳动力消耗所需要的)附加劳动的数量有任何关系……熟练劳动所增加的价值创造能力的存在也是出于同样的理由。与非熟练劳动相比,熟练劳动在相同时间段创造更多价值是因为它更具有物质创造力,没理由预设两种劳动生产力——这种增加了的物质生产力和生产出相应劳动技巧所需要的额外劳动的物质生产力——之间有任何确定的关系。因此,熟练劳动所增加的劳动创造力和训练出这种劳动所需要的价值之间并没有确定的关系。③

---

① 参见 Attewell (1984, pp. 115 - 117), Fine (1998, chs. 7 - 10) 和 Lapides (1998, p. 189)。
② 参见 P. Harvey (1985, pp. 84 - 90)。
③ 参见 P. Harvey (1985, p. 90)。对 Nell (1992, p. 56 n. 4) 来说,"具体劳动是创造使用价值的实践活动;抽象劳动是剥削的条件,它等同于那种状态下简单劳动耗费的时间。许多学术精力花在了这个问题上:确定如何(转下页注)

二　机械化、去技术化和资本控制

生产相同使用价值的公司之间的部门内部竞争，迫使每个公司降低成本以便使自身的利润率最大化。假设工人是一样的，假设生产一种特定商品的诸多公司也是一样的，只不过其中一家公司能用同样的劳动投入生产更多东西（因为它的车间设计更为高效）。这个简单的例子表明技术的提高降低了单位成本，或者更准确地说，提高了单个劳动的价值生产率。① 一般地说，更高劳动强度增加了产出（和创造的总价值）是因为更多的简单劳动凝结在这同一个具体劳动之中，然而，它并不影响产品的单位价值（参见本节）。与之相比，技术的提高简化了生产单位产品所必需的简单劳动的数量，并且有益于降低产品的价值：

> 这种为了价值和剩余价值而进行的生产，像较为详细的说明所已经指出的那样，包含着一种不断发生作用的趋势，就是要把生产商品所必需的劳动时间，即把商品的价值，缩减到当时的社会平均水平以下。力求将成本价格缩减到它的最低限度的努力，成了提高劳动社会生产力的最有力的杠杆，不过在这里，劳动社会生产力的提高只是表现为资本生产力的不断提高。②

（接上页注③）由熟练劳动简化为简单劳动。然而，我们并不清楚这种做法有多大的社会必要性；马克思认为这种简化对价值理论而言是外源性的"。

① 换句话说，公司的技术越先进其利润率也就越高，这是因为其雇工具有更高的价值创造能力，而不是由其对手转化而来的价值创造能力。相反的观点，参见 Indart（n. d.）。
② 参见 *Capital* 3（p. 1021）。

行业内部的竞争迫使公司引入新技术以便削减成本，这种做法提高了自己公司雇员的价值生产率。① 这些技术创新在其他地方被复制，这削弱了创新公司的优势，却激励着整个经济的技术进步。从资本一般的层次看，这个过程缩减了所有货物（包括工人所消费的货物）的价值，并且（在其他一切保持不变的情况下）使相对剩余价值的榨取成为可能（参见第四章第一节）。②

行业内部竞争最重要的因素在于机械化或新科技、新机器的引进。对资本来说，机械化是提高利润率的一种形式，它就像社会控制的一种工具。机械化过程有三个主要方面。

第一，如上所述，机械化提高了劳动的价值生产力，提高了创新资本的利润率。

第二，机械化推进了相对剩余价值的榨取。

> 像其他一切发展劳动生产力的方法一样，机器是要使商品便宜，是要缩短工人为自己花费的工作日部分，以便延长他无偿地给予资本家的工作日部分。机器是生产剩余价值的手段。③

第三，机械化是资本主义控制的一件工具。它减缩商品价值、用更多投资生产日益精密的货物，这缩减了独立生产者的竞争范围以及他们不出卖自身劳动力就能活下去的能力。再者，通过集体劳动，机械化削弱了工人的个体性特征。

> 工场手工业……拥有生产机械化的形式，它的组成部分就是

---

① 新技术还让公司引入新货物或提高已有货物的质量。然而在这里，竞争的这些因素被忽略了，因为它们不过是在新市场上复制相同的过程。
② "提高劳动生产力来使商品便宜，并通过商品便宜来使工人本身便宜，是资本的内在冲动和经常的趋势。"（*Capital* 1, pp. 436–437）
③ 参见 *Capital* 1（p. 492）。

人类。它表达了直接社会形式的生产，即工人只有作为整个社会的一部分才能工作。如果工人最初出卖自身劳动力的基础在于其没有财产……现在出卖自身劳动力的基础则变成了劳动过程本身的技术本性。这一"技术"本性是资本主义所固有的。①

一般地说，在中立、科学和高效外衣的掩盖下，机器在劳动过程的节奏和内容上独断专行。从历史上看，机械化引发或解决了就酬劳和工作条件展开的数不清的争论。②

> 技术不仅仅控制自然，它还控制人。劳动分工和工厂体系为控制劳动的速度和质量提供了方法，就如同现代的流水线方法。技术为工作场所提供社会控制和行为准则。因此，科技发展在社会上并非中立的；它会反映阶级利益和社会政治压力。③

---

① 参见 Postone（1993，p. 332）；还可以参见 pp. 47-48。广义上看，资本以三种方式控制着工人：其一，资本拥有生产资料，而工人必须寻找有酬雇佣以求得生存；其二，已经购买了工人的劳动力以后，资本声称对整个劳动过程拥有控制权；其三，生产资料的拥有权和对生产过程的控制，使得资本极大地影响着国家、经济政策、法律体系和其他社会制度。这些主导方式是无可辩驳的，例如，工人为有酬劳动和在工作场所的从属地位展开了不懈斗争，寻求更高的工资和更好的工作条件，而且为了维护自己在生产线以及其他地方的利益而投身集体活动。还可以参见 Bahr（1980，p. 102），Brighton Labour Process Group（1977）和 Marglin（1974）。
② "资本对自动化的优先性就是在攻击生产循环中的这些阶段——工人坚守自身工作节奏的阶段，就是在攻击劳动中的这些地方——工作场所、喷漆、装饰和组装车间，或储藏室。这种选择性定义着集体劳动在重构中对工人阶级提出的威胁。"（Levidow and Young 1981，p. 2）还可以参见 Capital 1（pp. 486，508）。
③ 参见 Nell（1992，p. 54）。换句话说，"取得更高水平技术进步的工业化过程，与资本主义权威的持续增长，是同一个过程。工业化作为生产手段，作为工人的对立面，它迅速壮大，资本对它的绝对控制也有必要随之而增长"（Panzieri 1980，p. 48）。还可以参见 Capital 1（pp. 526-527，553-554）和 Uno（1980，pp. 30-31）。

第五章　价值、价格和剥削

机器通常被小心翼翼地使用，以便让工人远离知识①、远离对生产的控制②，有时候甚至以牺牲利润率为代价。③

机器不仅是一个极强大的竞争者，随时可以使雇佣工人"过剩"。它还被资本公开地有意识地宣布为一种和雇佣工人敌对的力量并加以利用。机器成了镇压工人反抗资本专制的周期性暴动和罢工等等的最强有力的武器……可以写出整整一部历史，说明1830年以来的许多发明，都只是作为资本对付工人暴动的武器而出现的。④

机械化与去技术化密切相关。去技术化是一个双重过程。一方面，去技术化是机械化的直接结果。前文证明机械化改变了工作模式和工作种类，把它们的各个碎片变成了更容易衡量和掌控

---

① "我们提议把对车间生产有根本性影响的一切重要决定和计划从工人手里拿走，并且把它们交到少数人手里，这少数人中的每一个都在做决策并执行决策这门技艺上受过专门训练，这少数人中的每一个都有其最为擅长的、绝不会与其他人重叠的功能。"（Frederick W. Taylor, cited in Sohn – Rethel 1978, p. 151）对这种观点的马克思主义批判，参见 P. Taylor（1979）和 Wennerlind（2000）。

② "［工业家想要停止任何］生产过程，只要该过程要求灵巧的工人具有特殊的警觉性和稳定的双手；他让自动的，即便儿童也能主管的机器来掌控这个过程。因此，工场手工业的伟大目标就是通过资本和科学的结合，把劳动阶层的任务缩减到［儿童般的］警觉和灵巧即能胜任的程度。"（Andrew Ure, *Philosophy of Manufactures*, cited in Cooley 1981, p. 60）

③ "随着案例研究的激增，积累的相关证据反对用技术决定论解读有组织的历史，而偏爱这种相冲突的路径——把有组织的结构当作控制工人行为的现实策略。"（Attewell 1984, p. 119）还可以参见 Bowles and Gintis（1977, p. 180），Brighton Labour Process Group（1977），Cleaver（1979, 1992），Lebowitz（1992），Marglin（1974），Naples（1989, p. 149），Postone（1993），Sohn – Rethel（1978）和 Wennerlind（2000）。

④ 参见 *Capital* 1（pp. 562 – 563），还可以参见 pp. 489 – 492。对技术在社会冲突中的作用所做的现代解释，参见 Levidow and Young（1981, 1985）和 Slater（1980）。

的简单操作。

> 在自动工厂里，代替工场手工业所特有的专业化工人的等级制度的，是机器的助手所要完成的各种劳动的平等化或均等化的趋势。①

另一方面，去技术化是把工人的能力和经验转入商品之中。这个过程包括把这些东西加以整理：单个工人之前所具有的天赋，通过市场方式和其他社会机构（尤其是通过教育和训练）实现的工人阶级中单个工人的再生产。② 资本对单个工人之天赋和能力的占有，增加了这些天赋和能力的用途。因此，人们既可以说去技术化的工作（不依赖于单个工人所独有的天赋或能力的工作），又可以说去技术化的工人（工人的天赋和能力能被商业化地再生产出来）。

> 资本很灵活（它不关心它所具有的劳动过程的具体形式），这种灵活性由资本延伸到了工人。工人被要求能像运用自己的劳动力那样灵活多变……资本主义生产在一个国家越高度发达，也就越要求劳动力的灵活性，也就越不关心工人对自身工作的具体内容的看法，而资本由一个生产领域向下一个生产领域的运动也就越顺畅。③

去技术化的这两个方面的交互关系表明，资本并不倾向于把有天赋的工人变成生产线上只能完成重复性基本工作的粗鄙之人，

---

① 参见 Capital 1（p. 545），还可以参见 pp. 470–471。
② 参见 Attewell（1984, p. 96）和 D. Harvey（1999, pp. 59, 109）。
③ 参见 Capital 1（pp. 1013–1014）。还可以参见 pp. 1021, 1024, 1034, 1039–1040 和 Gleicher（1985–86, p. 466）。

就如同电影《摩登时代》中卓别林所扮演的角色的所作所为。虽然技术变革通常伴随着失业和工作种类的变化,未失业工人需要接受训练,以便完成不同工作,操作更复杂的机器①,但是,在资本的要求下,它能为工人提供完美地完成不熟练的工作所要求的训练。出于同样的理由,当需要不熟练工人的贡献时,不熟练工人也能被雇佣;当不再需要他们的贡献时,他们就被解雇。

> 去技术化内在于资本主义的劳动过程,因为资本必定瞄准劳动中可计算的、常规的那些功能;因为这种劳动必定以最大速度和最小空隙表现出来;因为资本想要廉价的、可替代性强的那些劳动。②

去技术化、多样性以及将任务分解为细致的工作,这带来两个重要结果:第一,它们增强了工人的异化,因为"该对象不再是与单个劳动主体直接相关的产物,它只与单个资本有关"③;第二,由于劳动力市场的深度、灵活和整体性,它们增强了资本对劳动过程的控制。

以上就是由货物、服务、资产、技术和社会关系向商品转变的一些重要方面。这个转变过程既是资本主义(尤其是资本主义控制工人)的产物,同时也强化了资本主义(尤其是资本主义对工人的控制)。资本对工人的控制结构包括直接性的工头、管理人员和顾问,还包括更远一层的金融机构和股票债券市场。资本主

---

① 参见 D. Harvey (1999, pp. 108 - 109)。
② 参见 Brighton Labour Process Group (1977, p. 19)。还可以参见 Attewell (1984), Coombs (1985), Schwarz (1985) 和 Spencer (2000)。
③ 参见 Bahr (1980, p. 106)。还可以参见 Braverman (1974), Elger (1979) 和 Laibman (1976)。

义的控制和竞争是一对孪生力量，既把工人的价值生产能力规范化，又把产出和劳动过程交由社会来决定。

第二节 劳动的同步化

不同时间生产的商品以相同价格同时出售，这表明了在其他时间或使用不同技术生产同一种商品的单个的具体劳动的同步化。由于劳动的规范化和同步化，某一类的全部商品不论如何生产的、何时生产的以及是谁生产的，它们都具有同样的价值。规范化解释了为什么生产某一类商品——包括为生产投入之物所必需的商品——所必需的劳动时间是由社会决定的（参见本章第一节）。同步化意味着这种劳动时间难以与活劳动区分开，而且它就等于活劳动：

> 棉纱中包含的全部劳动都是过去的劳动。至于生产棉纱的各种形成要素所需要的劳动时间是早已过去的，是过去完成的，而在纺纱这一最后过程中直接耗费的劳动则是接近现在的，是现在完成的，这种情况是完全没有关系的。如果建筑一座房屋需要一定数量的劳动，例如 30 个工作日，那么体现在这座房屋中的劳动时间的总量，不会因为第 30 个工作日比第一个工作日晚 29 天而有所改变。因此，包含在劳动材料和劳动资料中的劳动时间，完全可以看成是在纺纱过程的早期阶段耗费的，是在最后以纺纱形式加进的劳动之前耗费的。[①]

在不同时间点或利用不同技术生产相同商品的那些劳动是相

---

① 参见 Capital 1（pp. 294 - 295）；还可以参见 Capital 2（p. 186）和 Theories of Surplus Value 3（p. 279）。

等的，这源于下列事实：价值是由资本主义生产确立的一种社会关系，而且唯有资本主义生产才能实现这种关系的再生产；价值不是通过具体劳动而对象化在商品中的，没有历史性的实体（参见第二章第一节）。价值的社会现实性意味着唯有活劳动创造价值，或者说马克思的价值理论以社会再生产的花费为基础。更具体地说，价值取决于当今社会再生产每一种商品的能力，或者社会必要劳动时间下的再生产（reproduction socially necessary labour time, RSNLT）。当商品生产出来以后，价值却并非一成不变的。毋宁说，价值一直为社会所决定，由于经济中其他地方的技术变革，价值也随之变化。

每一种商品（因而也包括构成资本的那些商品）的价值，都不是由这种商品本身包含的必要劳动时间决定的，而是由它的再生产所需要的社会必要劳动时间决定的。这种再生产可以在和原有生产条件不同的、更困难或更有利的条件下进行。如果在改变了的条件下再生产同一物质资本一般需要加倍的时间，或者相反，只需要一半的时间，那么在货币价值不变时，以前值100镑的资本，现在则值200镑或50镑。①

---

① 参见 *Capital* 3（p. 238）。类似的表述，参见 *Capital* 1（pp. 129 – 130, 317 – 318, 676 – 677）, *Capital* 2（pp. 185 – 188, 222 – 223, 366 – 368）, *Capital* 3（p. 522）, *Theories of Surplus Value* 1（pp. 232 – 233）, *Theories of Surplus Value* 2（p. 416）, *Theories of Surplus Value* 3（p. 280）, *Grundrisse*（pp. 135, 402, 657），以及 Marx's letter to Engels dated 14 September 1851（cited in Rosdolsky 1977, p. 318 n. 3）。对马克思文本的详尽考察，参见 Moseley（2000b）。除此之外，还可以参见 Gleicher（1989, p. 77）, D. Harvey（1999, p. 15）, Mattick Jr.（1991 – 92, pp. 37 – 38）, Perelman（1993, p. 89）, Reuten and Williams（1989, p. 71）, Saad – Filho（1997a）, Shaikh（1977, p. 113n）, M. Smith（1994a, pp. 96 – 98; 1994b, pp. 119 – 122）和 Wolfstetter（1973, p. 795）。

劳动力的价值为社会必要劳动时间下的再生产提供了最清晰的例子。第四章第二节证明了劳动力的价值取决于工人需求的再生产，而不取决于工人或工人消耗的货物所对象化了的具体劳动时间。

> 亚·斯密在研究工资的"自然率"或工资的"自然价格"时所遵循的指导线索是什么呢？是再生产劳动能力所必需的生活资料的自然价格。但是，他又用什么来决定这些生活资料的自然价格呢？当他一般地决定这个价格时，他又回到正确的价值规定上来，也就是说，回到价值决定于生产这些生活资料所必要的劳动时间这个规定上来。[1]

仔细阅读马克思的著作，人们能找到马克思看似为另一种价值观辩护的段落。例如，投入之物的价值物化在了产出之物里面，并一直延续下去。这导致一些人捍卫对价值理论的不同解读（参见第二章第一节），另一些人则抱怨马克思前后不一致。[2] 然而，文本上这些所谓不一致通常是引用时脱离了具体背景，在文本年代（有些更早的文本更接近劳动物化的观点）、抽象层次（劳动越抽象，物化的劳动就越代表更多价值）和分析背景（如马克思对不变资本和可变资本所做的比较）等大背景下，能对文本做出一致的解释。[3]

一 价值转化

商品价值有两个部分：第一，把投入变成产出所必需的抽象

---

[1] 参见 *Theories of Surplus Value 1* (p. 96)，还可以参见 *Capital 2* (pp. 196, 458)。
[2] 例如 Cohen (1981) 和 Mirowski (1989)。
[3] 参见 *Capital 1* (pp. 307–308) 和 *Theories of Surplus Value 3* (p. 167)。

劳动,它取决于劳动规范化和同步化中社会必要劳动时间下的生产;第二,由投入之物转化而来的价值。所投入之物的价值的转化包含两方面的真实过程:一方面,活劳动把投入转化成产出,这是劳动规范化的基础;① 另一方面,价值表达了社会再生产的条件,包括重新开始下一个阶段的再生产的社会能力,这是同步化的基础。所投入之物价值的转化包括所使用的不变资本的流通,以及所使用的固定资本的物质和技术贬值。② 让我们挨个处理吧。

如之前所释,通过固定资本流通转移的价值取决于当前生产该投入之物所必需的抽象劳动时间,而社会必要投入之物取决于生产产品的主要技术。

> 生产资料即棉花和纱锭……的价值,是棉纱价值或产品价值的组成部分……但是这里必须具备两个条件。第一,棉花和纱锭必须实际上用来生产使用价值。在我们所举的例子中,就是必须从棉花和纱锭生产出棉纱……第二,要假定所用的劳动时间只是一定社会生产条件下的必要劳动时间。如果纺一磅纱只需要一磅棉花,那么,纺一磅纱就只应当消耗一磅棉花,纱锭也是这样。如果资本家异想天开,要用金锭

---

① "如果你们以为他用了他的工作日的哪怕一个时间原子来再生产或'补偿'棉花、机器等等的价值,那你们就完全错了。由于他的劳动把棉花和纱锭变成棉纱,由于他纺纱,棉花和纱锭的价值就自行转移到棉纱上去。这种结果是靠他的劳动的质,而不是靠他的劳动的量造成的。"(*Capital* 1, pp. 335 – 336)
② 不变资本是生产中使用的机器和其他物质投入(非劳动投入)的价值。流动资本是每次流通中消耗的被投入之物的价值,包括不变资本、可变资本(工资花费)以及固定资本的贬值。固定资本是超过一次流通的物质投入的价值,例如建筑和机器。固定资本以两种方式贬值:一是物质方式,即它被使用或随着时间流逝而老化;二是技术方式,即新机器能以更低的花费生产出产品。(参见 Perelman 1987, ch. 5 和 Weeks 1981, pp. 174 – 186)

代替铁锭，那么在棉纱的价值中仍然只计算社会必要劳动，即生产铁锭所必要的劳动时间。①

结果在某种程度上是反直觉的——所投入之物的原初价值以及购买它们的货币资本，此二者并不决定产出之物的价值。

> 劳动材料和劳动资料的价值所发生的变化，丝毫不影响下述情况：在它们作为材料和资料进入的劳动过程中，它们总是作为既定的价值，既定量的价值预先存在……只要劳动资料和劳动材料的一般生产条件发生变化，它们身上就会产生反应。与原来相比，它们现在是较多或较少的劳动时间即较大或较小的价值的对象化，这只是因为现在生产它们所需要的劳动时间比原来所需要的劳动时间多些或少些……它们的这些价值的变化总是来自生产它们的劳动的生产率的变化，而与它们作为具有一定价值的成品所进入的劳动过程没有任何关系。②

固定资本与此类似。当机器（或必要的新工具或建筑物）最终报废后，生产消耗了多少固定资本，相应的价值就添加到产出之物上面，足够的货币可以取代它们。③

二　技术变革、价值和危机

生产固定资本的各要素例如生产机器时，技术变革会让新一代

---

① 参见 Capital 1 (p. 295)。还可以参见 pp. 312, 317 – 318, 957, 985 – 986, Theories of Surplus Value 1 (p. 109), Theories of Surplus Value 3 (p. 280) 和 de Vroey (1981, p. 180)。
② 参见 Marx (1988b, pp. 79 – 80)。
③ 参见 Capital 3 (p. 374)。

机器面世,一般而言,新机器在生产每个单位的产品时会更便宜。新机器被引进以后,旧机器转移而来的价值(以及产品的单位价值)下降。① 两条重要启示是,第一,不同经济部门的技术变革能改变固定资本各要素的价值,这种变革是突然地、不可预见地发生的。

依据简单价值理论,资本货物会随着预先决定的模式贬值,这与新古典主义的生产理论如出一辙。一旦越过静态分析而扩大到再生产领域,我们要求具有关于未来经济状况的知识,才能够计算一件商品中物化的抽象劳动的数量。例如,如果不可预见的技术变革使一件工具在不远的将来被淘汰,那么,我们如何发展出一个恰当的规则把那件工具的价值分配到最终产品中。②

这些资本损失很可能数额巨大且分布不均,因为每个公司采用的技术不尽相同。③ 各个公司也许能以不同方式承受这些花费,

---

① "机器除了有形损耗以外,还有所谓无形损耗。只要同样结构的机器能够更便宜地再生产出来,或者出现更好的机器同原有的机器相竞争,原有机器的交换价值就会受到损失。在这两种情况下,即使原有的机器还十分年轻和富有生命力,它的价值也不再由实际对象化在其中的劳动时间来决定,而由它本身的再生产或更好的机器的再生产的必要劳动时间来决定了。因此,它或多或少地贬值了。"(*Capital* 1, p. 528)还可以参见 p. 318, *Capital* 2(pp. 185, 250),*Theories of Surplus Value* 2(p. 495)和 *Theories of Surplus Value* 3(p. 154)。
② 参见 Perelman(1993, p. 88)。还可以参见 Postone(1993, pp. 289 – 295)。
③ "现有资本的一大部分,会不断在再生产过程的进行中或多或少地贬值,因为商品的价值不是由生产商品原来所耗费的劳动时间决定,而是由再生产商品所耗费的劳动时间决定,并且这种时间由于劳动的社会生产力的发展而不断减少。因此,在社会生产率的较高的发展阶段上,一切现有的资本不是表现为资本积累的长期过程的结果,而是表现为相对地说非常短的再生产时间的结果"(*Capital* 3, p. 522)。还可以参见 *Capital* 2(pp. 187 – 188),*Capital* 3(p. 356),*Theories of Surplus Value* 2(p. 416),*Theories of Surplus Value* 3(p. 389)和 de Vroey(1981, p. 182)。

这取决于它们的选择以及它们与金融市场的关系，而且这些花费有可能被暂时忽略。然而，这些损失最终是不可避免的，因为每个公司所使用的技术与社会上居主导地位的、影响利润率的技术是有差别的。

> 当［价格和再生产价值之间的］巨大分歧成了经济的典型特征的时候，价格系统就日益不能协调经济的发展。不当投资就会变得普遍……最终，竞争的强力会迫使价格下降到与再生产价值相一致……马克思再三解释，除了再生产价值的变化之外，直到危机使价值与再生产价值复归于一致之前，价值能在一定程度上独立存在……在现实经济中，显示价格总想远离劳动力价值。随着价格和价值的联系日益松弛，价格体系给出愈加具有误导性的信号：让人投机取巧以求利，而不是为市场生产货物和服务以便赚取利润。①

第二，技术变革的可能性使产品价值具有不可避免的不确定性。这种不确定性来自由固定资本转移而来的不可知的真实价值，它取决于未来技术变革对当今机器价值的影响。再者，（虽然所产出的价值相同，但是）每个公司潜在地体现着技术贬值的不同方式，而且取代固定资本时耗资巨大影响也很大，这共同开启了破产和金融危机的可能性。②

> 再生产的花费在不可预见的模式下是有变化的。因为我们无法预见未来特定的某个时间哪些技术是可用的，所以我

---

① 参见 Perelman (1999, pp. 724 – 725)。
② 参见 Campbell (1998, p. 141)，Fine (1980, ch. 4, 1989, ch. 9) 和 Perelman (1990, 1993, 1996, 1999)。

们就无法提前知道某一特定的资本货物被使用多长时间才会被取代……我们无法计算今天所生产的货物的价值，因为不知道未来再生产的价值的话，就无法知道今天有多少不变资本转化成了价值……或者说，以资本家对未来贬值后的生产模式的估价为基础，我们才能计算货物的价值。一旦我们走上这条路——对未来的贬值进行主观估价，那么我们就打开了一个新的魔盒……首先，我们无法知道资本家的主观看法。另外，马克思对破产的断言表明资本家的主观看法是极为错误的。[①]

产出之物价值的不确定性对剩余价值的计算，产出之物价值中扣除再生产的花费后剩余的部分以及作为利润、利息和租金的剩余价值的分配具有连锁效应。这些困难来自经济再生产过程中的真正矛盾，它们并不影响剩余价值概念的意义和重要性，不影响价值的理论地位。然而，它们需要被放到一个分析框架中，这个框架足够灵活、能给它们以活动空间，这个框架又足够牢固、能表达决定现实的结构——这个现实结构包括同等看待每个部门内部相竞争的公司进行的劳动（规范化）与不同时期的不同公司、使用不同技术的公司进行的劳动（同步化）。

第三节　劳动的均质化

不同经济部门中规范化、同步化的劳动常常在给定时间内创造不同数量的价值，例如窗户清洁和计算机编程。劳动的均质化

[①] 参见 Perelman（1999，p.723）。换句话说，"竞争的结果是：既强力引入新的生产方式，又限制着企业从技术变革获利的能力"（Weeks 1992，p.20）。还可以参见 Aglietta（1980）。

把规范化、同步化劳动不同的价值生产率转化成抽象劳动的明晰的数量（RSNLT）。① 当商品有了一个价格或当货币履行价值尺度的职责时，劳动就被均质化了。在这种分析层次上，价值规律保证商品价格依照它们的 RSNLT 而来（参见第四章第一节）。

均质化有三点重要启示。第一，价值不能直接作为一定数量的劳动时间出现，它只能以价格形式出现（参见第八章第一、二节）。② 换句话说，不同公司或不同部门进行的劳动的价值生产率，只能由每小时增加的（货币）价值来估算。第二，所有商品的价值和价格是同时被决定的（参见本章第二节）。第三，马克思的表述——货币是"一切人类劳动的直接化身"或货币是直接的社会劳动——意味着货币生产的独特性，即货币生产不是均质化的。相反，货币的价值是其他部门完成的均质化劳动的中心，而且它为价格形式提供了基准。

均质化的概念很清晰，但是，对所生产的价值的估算却是不确定的，因为价值受一系列复杂程度不尽相同的可变因素的影响。例如，技术进步、资本转移（参见第七章）、供给过量，以及商

---

① 马克思价值理论中有三个还原问题，以及相应的三个转化问题。第一，同一部门完成的具体劳动的价值均衡问题，或者说规范化；第二，技术转化成不同价值的问题，即同步化；第三，不同经济部门的均值的平均产出问题，即均质化。马克思文献中只对第三个问题进行了广泛讨论（参见第七章和 Reuten 1999, p. 110）。

② 对 Elson（1979b, pp. 136, 138）来说，"资本主义经济中可以用小时直接测量的劳动时间是单个人的具体劳动时间，它完全不依赖于价格……它不是以价值形式物化的部分……不依靠价格-形式，就不能直接确定资本主义经济中的社会必要劳动。因此，不依靠价格，就不能算价值……劳动时间是价值衡量标准，为此所做论证根本不能引出价值衡量的中介必定是劳动时间，它只能引出劳动时间不是衡量的中介。因为在我们观察到的实际劳动时间中，我们不能把它的抽象方面与其具体方面区分开"。还可以参见 Gerstein（1986, p. 52）和 Roberts（1996, p. 203）。

业、金融、税收、贸易或交换律等方面的政策都会影响价格。

商品的价值量表现出一种必然的、商品形成过程内在的同社会劳动时间的关系。随着价值量转化为价格，这种必然的关系……既可以表现商品的价值量，也可以表现比它大或小的量，在一定条件下，商品就是按这种较大或较小的量来让渡的。可见，价格和价值量之间的量的不一致的可能性，或者价格偏离价值量的可能性，已经包含在价格形式本身中。但这并不是这种形式的缺点，相反地，却使这种形式成为这样一种生产方式的适当形式，在这种生产方式下，规则只能作为没有规则性的盲目起作用的平均数规律来为自己开辟道路。①

例如，让我们来理解马克思对供求差别的分析。简单起见，假设工人都是一样的，生产商品（好比说麻布）的公司也都是一样的。即便在这种情况下，麻布的市场价格也有可能不同于货币方式下它的价值的直接表达。例如，考虑到社会对麻布使用价值的需求，凝结在麻布生产中的社会劳动过多或者过少的情况就会发生。

假定市场上的每一块麻布都只包含社会必要劳动时间。即使这样，这些麻布的总数所包含的已耗费的劳动时间仍然可能过多。如果市场的胃口不能以每码两先令的正常价格吞下麻布的总量，这就证明，在全部社会劳动时间中，以织麻布的形式耗费的时间太多了。其结果就像每一个织布者花在他个人的产品上的时间都超过了社会必要劳动时间一样。这正像俗话所说："一起捉住，一起绞死。"在市场上，全部麻

---

① 参见 *Capital* 1（p.196）。

布只是当做一个商品，每一块麻布只是当做这个商品的相应部分。①

过量供给并不意味着商品失去其部分使用价值，并不意味着未售出的商品失去其全部使用价值或每件商品的价值缩水，仿佛价值决定于价格而不是相反（参见第二章第二节）。过量供给仅仅改变了作为价格的价值表现形式，它将这种商品的总价格当作了它的总价值（货币的价值尺度、变化的流通速度和信用，共同调节着商品所要求的流通货币的数量，参见第八章第一节）。

如果某种商品的产量超过了当时社会的需要，社会劳动时间的一部分就浪费掉了，这时，这个商品量在市场上代表的社会劳动量就比它实际包含的社会劳动量小得多……这些商品必然要低于它们的市场价值出售，其中一部分甚至会根本卖不出去。②

资本的产品通常是商品，具有价值和使用价值（参见第三章

---

① 参见 *Capital* 1（p.202），还可以参见 pp.288-289，*Capital* 3（pp.286，774-775），*Theories of Surplus Value* 1（pp.231-232）和 Shaikh（1984，p.266 n.10）。
② 参见 *Capital* 3（pp.288-289）。换句话说，"价格和价值的差别不只是像名和实的差别；不只是由于以金和银为名称，而是由于价值表现为价格运动的规律。但是它们不断地不同，从来不一致，或者只是在完全偶然和例外的情况下才一致。商品价格不断高于或低于商品价值，商品价值本身只存在于商品价格的上涨和下跌之中。供求不断决定商品价格；供求从来不一致，或者只是在偶然的情况下才一致；而生产费用又决定供求的波动……假定商品的生产费用和金银的生产费用都保持不变，商品市场价格的上涨或下跌就无非表示，一个等于 x 劳动时间的商品，在市场上不断地支配着大于或小于 x 的劳动时间，不断地高于或低于由劳动时间决定的这一商品的平均价值"（*Grundrisse*, pp.137-138）。还可以参见 Marx（1989，p.537），Rosdolsky（1977，pp.89-93），Shaikh（1981，pp.276-278），Shamsavari（1991，p.256），Uno（1980，p.79），尤其是 Rubin（1975，pp.180-185，203-209，224）。

第一节）。投资过剩、资本过量和库存积累，以及随之而来的低利润率和资本贬值，这一切都表明与社会需求相比，太多的资本和劳动已经积聚在这个部门。换句话说，从交换角度看，这些劳动中的一部分并不是社会必要劳动。然而，这丝毫不影响生产中的社会必要劳动这个概念，丝毫不影响剥削这个事实：

> 总商品量，即总产品……都必须卖掉。如果卖不掉，或者只卖掉一部分，或者卖掉时价格低于生产价格，那么，工人固然被剥削了，但是对资本家来说，这种剥削没有原样实现，这时，榨取的剩余价值就完全不能实现，或者只是部分地实现，资本就可能部分或全部地损失掉。进行直接剥削的条件和实现这种剥削的条件，不是一回事。二者不仅在时间和地点上是分开的，而且在概念上也是分开的。前者只受社会生产力的限制，后者受不同生产部门的比例关系和社会消费力的限制。①

经济危机的影响非常相似。危机有可能导致市场收缩和价格暴跌。在这种情况下，之前创造的价值有可能被毁掉。

> 说到危机引起的资本的破坏，要区别两种情况……[第一]只要再生产过程停滞，劳动过程缩短或者有些地方完全停顿，实际资本就会被消灭……第二，危机所引起的资本的破坏意味着价值量的跌落，这种跌落妨碍价值量以后按同一规模作为资本更新自己的再生产过程。这就是商品价格的毁灭性的下降。这时，使用价值没有被破坏。一人之所失，就

---

① 参见 *Capital* 3（p. 352）。

是另一人之所得……如果他们靠出卖自己的商品把他们的资本再生产出来，而他们的商品的价值本来=12000镑，其中比如说2000镑是利润，而现在这些商品降到6000镑……这样一来，6000镑资本被消灭了，虽然这些商品的买者由于原来是按照商品的费用价格的半价买进的，因而在营业再活跃时可以大有所为，甚至获利。①

通过 RSNLT 确定价值，通过规范化确定价格的价值表现，以及社会劳动的错误分配或经济危机造成的价值生产与现实之间的差异，这三者属于不同层次的分析。后者更为复杂，因为它不仅包括生产的条件，还包括交换环境、劳动力分配和可能存在的经济危机。通常来讲，利润率低于平均水平的公司总处于不利地位。在每个部门，效率低下的公司比竞争对手生产更少的价值，有可能破产或成为收购竞标的对象。当该部门生产过量超过需求、降低所有公司利润率的时候，这种压力会变得更大。部门的利润率与平均利润率之间的差别，是资本主义经济劳动再分配的机理，是技术变革的杠杆。

第四节 结论

在马克思对资本主义生产关系下社会化的工作形式和剥削模式的分析中，抽象劳动、劳动和价格是三个核心概念。这些概念表达了居主导地位的社会生产方式，可以从不同层次看待它们。在最抽象的层次上，价值是一种社会关系，来自生产方式，因此，

---

① 参见 *Theories of Surplus Value 2* (pp. 295 - 296)。

不论交换或分配环境如何,在典型的资本主义生产关系下进行的劳动能生产价值。所生产的价值量取决于 RSNLT,它以"价值"、"直接"或"简单"价格的形式出现。①

可以对价值和价格的关系做更具体的分析,但这种分析通常需要协调好概念和数量的关系。例如,生产方式价值的转化引出了所产出的价值的数量不确定性以及价格水平的任意性,因为固定的技术贬值率是未知的。同样的道理,价格可以被看作价值存在的模式、商品供给的条件或(与劳动方式无关的)可以被出售的货币。除了这些困难,供求的不同和经济危机使得价值和价格的关系更加模糊。总而言之,分析层次的这种变化改变了价值和价格的关系,改变了劳动的均质化。与之相比,规范化和同步化未受影响,因为它们取决于生产。

这些局限性表明,不依赖价格而通过对抽象劳动载体的估算来计算价值的做法,无论理论上还是经验上,都是受限制的,因为它们预设了价值能以两种不同方式出现:以直接方式出现(仿佛价值能够用具体劳动时间来测量似的),以价格方式出现(参见第七章)。简而言之,本章展开的价值分析的主要优点是理论上的,与其他观点相比,它更加清楚地解释了经济活动下掩盖着的社会关系。

---

① 参见 *Capital* 3(p.275), Shaikh(1977, pp.106, 121; 1982, p.72), de Vroey(1981, p.191)和 Yaffe(1974, pp.33-34)。

第六章 资本构成

本章分析马克思的这个概念——资本构成。这个概念对于理解价值和价格的关系、技术变革等极为重要。但是，许多文献对它的解释很不充分，对它的理解既肤浅又不正确。[①]

本章的论证分为四节。第一节简要评述对价值构成最广为人知的理解，以便阐释在这个主题上文献的多样性。第二节追踪马克思的分析——未发生技术变革时的资本构成。马克思使用的每个概念都给出了界定，相关介绍都给出了证明。第三节讨论技术进步对资本技术构成（technical composition of capital，TCC）、资本有机构成（organic composition of capital，OCC）和资本价值构成（value composition of capital，VCC）的影响。这一节要证明马克思把资本有机构成与资本价值构成区分开来的目的之一就是着重分析一种具体情形——伴随技术创新而来的资本积累。第四节总结本章的主要发现。对静态和动态两种情形的对比极为重要，这种重要性不仅体现在对概念的有序介绍上，还体现在对它们的矛盾、局限和变化的理解上。再者，这种安排很有用，它直接与资本构成的分析层次联系在一起。

[①] 本章的理解源于 Fine（1983）和 Saad-Filho（1993b）之前的工作。也可以参见 Aglietta（1979，p.56），Cleaver（1992），Fine and Harris（1979，ch.4），Fine（1989，ch.10；1990；1992），Meacci（1992）和 Weeks（1981，ch.8）。

第六章 资本构成

第一节 认识资本构成

在文献中找到的对资本构成的大不相同的认识，有可能来自马克思使用的这个概念的三种形式：资本技术构成（TCC）、资本有机构成（OCC）和资本价值构成（VCC）。有时候这三者中的每一个的内容都很清楚，但有些时候马克思看似自相矛盾地使用它们，结果，他的大量探索看起来是随机的、令人困惑的。简洁地评述对资本构成的不同看法，也许有助于更好地理解上述研究蕴含的难题。

斯威齐（Paul Sweezy）的论证是：资本构成即生产中使用的总资本中的不变资本（c）和可变资本（v）的关系。对他来说，虽然"好几个比例能用来表达这种关系……但是，最适宜的仍然是不变资本与总资本的比例"[①]。斯威齐把资本有机构成定义为 $c/(c+v)$。这个公式的根子在波尔特凯维兹（Bortkiewicz）的著作里，塞顿（Seton）和德赛（Desai）也采纳了这个公式。[②] 在对价值转移问题的讨论中，斯威齐采纳波尔特凯维兹的做法，并且把不同部门的利润率归结于不同的价值，而不是归结于所投入资本的有机构成。这与马克思的论证相矛盾。

森岛通夫（Michio Morishima）对资本技术构成和资本价值构成的认识与此非常接近，但他对资本有机构成的阐释是错误的：当资本技术构成有所变化而所有相对价值都未变化的时候，马克思会用资本有机构成取代资本价值构成（换言之，当资本价值构

[①] 参见 Sweezy（1968, p. 66）。
[②] 参见 Bortkiewicz（1949），Desai（1989, 1992）和 Seton（1957）。

成的变化准确反映资本技术构成的变化时——仿佛所有部门生产率的增加是一样的,对他来说,资本有机构成指的就是资本价值构成)。① 森岛通夫坚信马克思定义资本有机构成只是为了使他对技术变革的处理简单化,但下文会表明这种想法并不充分。

置盐信雄（Nobuo Okishio）② 的著作在处理资本构成的变化时,把资本价值构成冠以资本有机构成这个名称,而且这样做的人绝非他一个。目前的许多文献都主张资本有机构成被定义为 c/v 没有丝毫问题,仿佛资本价值构成不存在似的；而且他们以这个假设为基础把价值转化为价格。③ 然而,对马克思来说,情况要复杂得多。在对利润率衰落趋势的分析中,罗默（Roemer）也说资本有机构成真应该被冠以资本价值构成的名字,他对利润率衰落的讨论成了这种错误观念的标杆。④

在对转变问题提出迭代解法的经典论文中,谢克（Shaikh）把资本有机构成称作 $(c+v)/v$ 比例。⑤ 与之相比,谢尔曼（Sherman）把资本有机构成定义为 $v/(c+v)$,而史密斯（M. Smith）和莱特（Wright）追随马热（Mage）把资本有机构成称作 $c/(v+s)$ 比例。弗里在其杰作中把"资本构成"定义为 $v/(c+v)$,把"资本有机构成"定义为 c/v。⑥ 最后,格罗尔（Groll）和奥泽奇（Orzech）对资本构成的详细讨论——其价值之一就是小心地把

---

① 参见 Morishima (1973)。
② 参见 Okishio (1974)。
③ 参见 Bortkiewicz (1952), Howard (1983), Lipietz (1982), Meek (1956; 1973, p. 313) 和 Winternitz (1948)。
④ 参见 Roemer (1979)。
⑤ 参见 Shaikh (1977, p. 123)；还可以参见 Shaikh (1973, p. 38)。
⑥ 参见 Foley (1986, p. 45), Mage (1963), M. Smith (1994a, p. 149) 和 Wright (1977, p. 203)。

TCC、OCC 和 VCC 区分开——中认为，资本有机构成是个长期的价值概念，资本价值构成用市场价格来衡量是个短期的价值概念，而马克思很可能不会同意这种看法。①

这些问题只不过是研究价值构成时在文献上所遇到的问题的冰山一角。为了认识马克思对这些概念的使用，本章对这些概念的发展加以评述。下文将表明，在《经济学手稿（1857—1858年）》中，马克思还没有使用后来被他称作资本构成的这个概念；在《剩余价值理论》中，马克思引进了资本物质（技术）构成和资本有机构成；最后，在《资本论》中，他使用了资本技术构成、资本有机构成和资本价值构成这三个完全展开的概念。逐步介绍这三个概念，这反映了马克思本人不断提炼这些利害攸关的概念，也让他澄清自己的论证。下文将要证明：尽管马克思的论证形式变了，但是，在这许多年里，他所处理的问题和所达到的结果本质上没有变化。

第二节 生产和资本构成

劳动生产率取决于特定劳动时间内有多少劳动资料被加工到最终的商品中，或者说取决于每小时的产出。② 资本技术构成（早期被称作资本物质构成）抓住了劳动生产率这个观念。资本技术构成是资料投入量（过去劳动的产品）与把这些资料变成产品所需要的活劳动的量之间的物质比例：

例如，要在一天之内生产一定量的产品，因而——这里

---

① 参见 Groll and Orzech（1987，1989）；还可以参见 Fine（1990）。
② 参见 *Capital* 1（pp. 136-137，332，431，773，959）和 *Capital* 3（p. 163）。

也就意味着——要推动一定量的生产资料，机器、原料等等，在生产中把它们消费掉，就必须有一定数目的工人所代表的一定量的劳动力……这个比率形成资本的技术构成，并且是资本有机构成的真正基础。①

无法直接测量资本技术构成，因为它是一定数量的均质化的使用价值（物质投入）和一定数量的某部门的（规范化和同步化的）平均劳动而非抽象劳动的比例（参见第五章）。例如，不可能直接比较建筑业和电子工业的资本技术构成，因为在这两个行业，每小时劳动加工的使用价值和劳动的价值生产率差别极大。然而，资本技术构成可以用价值术语来评价，因为在资本主义条件下所有的投入生产出来的东西都趋向于变成商品。对资本技术构成的价值判断界定了资本有机构成，或者说界定了特定的公司、行业或经济领域内一小时活劳动吸纳的生产资料的价值：

> 资本有机构成的概念可以这样表述：这是在不同生产领域为吸收同量劳动而必须花费的不变资本的不同比例。②

对马克思来说，资本有机构成是资本技术构成的价值反射，或者说是在生产中决定的"技术构成"和生产中技术关系的合成。资本有机构成把不变资本（包括固定资本和流通资本）的总价值和把这些投入变成产出所需要的总劳动时间联系在一起。马克思

---

① 参见 *Capital* 3（p. 244），还可以参见 *Theories of Surplus Value* 2（pp. 455 – 456）。
② 参见 *Theories of Surplus Value* 3（p. 387）。"有机"意味着资本的"在内"构成。分析一般利润率时（参见第七章），马克思说："因为在利润率中，剩余价值是按总资本计算的，是以总资本为尺度的，所以剩余价值本身也就好像从总资本产生，而且同样地从总资本的一切部分产生，这样，不变资本和可变资本的有机差别就在利润的概念中消失了。"（参见 *Capital* 3, p. 267）

第六章 资本构成

这样谈到资本有机构成:

> 生产资本不同要素之间的比例,是由两种方式决定的……第一,生产资本的有机构成。我们指的是技术构成。在劳动生产力既定的情况下,——只要不发生什么变化,就可以假定它是不变的,——在每个生产领域中,原料和劳动资料的量,也就是与一定的活劳动量(有酬的和无酬的),即一定的可变资本的物质要素量相应的、表现为物质要素的不变资本量,是一个确定的量。[①]

资本有机构成有一个严重的困难。由于一定量生产资料的价值来源于它所使用的各个成分的价值,那么看起来就无法确定资本有机构成的变化是来自资本技术构成的变化(或该产业劳动生产率的变化),还是来自所消耗的生产资料价值的变化(它反映了其他产业的环境)。然而,对马克思而言没有模糊不清的地方。资本有机构成是资本技术构成的直接的价值反映,即使资本元素的价值发生了变化,只要资本技术构成保持不变,那么资本有机构成也不会变。做了这个高度抽象的判断后,马克思说:

> 但是第二,如果把资本的有机构成和由资本有机构成的差别产生的资本之间的差别假定为既定的,那末尽管技术构成保持不变,[不变资本和可变资本之间的]价值比例也能发生变动……如果可变资本价值的变动与有机构成无关,那末这种情况之所以能发生,仅仅因为不是这个生产领域生产的、而是作为商品从外部进入该领域的生活资料在价格上下降或

---

① 参见 *Theories of Surplus Value* 3 (p.382),还可以参见 *Theories of Surplus Value* 2 (pp.276, 279)。

提高了……有机变化和由价值变动引起的变化，在某种情况下，能够对利润率产生相同的影响。但是，它们之间有如下的区别：如果价值变动不单是由市场价格的波动引起，就是说，如果它们不是暂时的，那末它们就始终必然是由提供不变资本或可变资本要素的领域发生的有机变化引起的。[①]

马克思清楚地意识到，对于既定的生产过程，（固定的或流通中的）不变资本和这些资本所需要的（有酬的和无酬的）劳动量之间的价值比例的变化，既不可能来自投入物价值的变化，也不可能来自生产中技术的（有机的）变化。以资本有机构成这个概念为基础，并且意识到技术的和价值的变化不能被混同，马克思计划在《资本论》第二卷和第三卷讨论：

（1）资本的不同的有机构成。它部分是由可变资本和不变资本之间的［比例的］差别决定的，因为这个差别是从一定的生产发展阶段产生的，是从机器和原料同推动它们的劳动量之间的绝对的数量上的比例产生的。这些差别同劳动过程有关。同样，在这里还必须考察从流通过程产生的固定资本和流动资本的差别……

（2）不同资本的组成部分的价值比例的差别，这些差别不是由不同资本的有机构成产生的。这主要是由原料价值的差别产生的，即使假定在两个不同的领域中，原料吸收的劳动量相等。

（3）在资本主义生产的不同领域中，由于上述差别而产

[①] 参见 *Theories of Surplus Value* 3（pp. 383 - 386），还可以参见 *Theories of Surplus Value* 2（pp. 376 - 377）。

生的利润率的差异。①

马克思最终意识到想要充分处理这些问题，就要把使用不同技术的影响和使用不同价值的投入物的结果更好地区分开来。由此，他在《资本论》中引入了这个概念——资本价值构成。这个概念与交换相关，它是不变资本流通部分（包括固定资本贬值部分）的价值与生产一个单位的该商品所要求的可变资本的价值之间的比例。②

让我们看一看引进资本价值构成的前前后后，马克思是如何讨论这同一个问题的。这能说明资本价值构成在其分析中的地位，能说明它与资本技术构成和资本有机构成的关系。马克思想要论证，如果两个资本的技术构成和有机构成相等，但使用的生产资料的价值不相等，那么，从流通角度对资本技术构成做价值判断就会有误导性，会误导人相信资本技术构成是不同的。在《剩余价值理论》中，马克思说：

> 在不同生产领域的资本相等的情况下……有机构成可能相同，虽然不变资本和可变资本的价值比例将随着使用的辅助材料和原料量的价值不同而不同。例如，铜代替铁、铁代替铅、羊毛代替棉花等等。③

---

① 参见 Theories of Surplus Value 1（pp. 415–416）。
② 参见 D. Harvey（1999，p. 126）和 Weeks（1981，pp. 197–201）。
③ 参见 Theories of Surplus Value 3（p. 386）。或者说，"拿投入不同生产部门的资本来说，在这些资本的物质构成在其他方面相同的情况下，只要它们使用的机器或材料的价值较高，就会造成［有机构成的］差别。例如，如果棉纺织业、丝纺织业、麻纺织业和毛纺织业资本的物质构成完全相同，那么只要它们所使用的材料的价值不同，就会造成这样的变化"（Theories of Surplus Value 2，p. 289）。

资本价值构成让马克思变得更严谨。在《资本论》里,马克思说:

> 就可变资本只是劳动力的指数,不变资本只是这个劳动力所推动的生产资料量的指数来说,这个比率在不同产业部门也可能是相同的。例如,就铜器业和铁器业中的某些劳动来说,可以假定在劳动力和生产资料量之间有相同的比率。但因为铜比铁贵,所以,在这两个场合,可变资本和不变资本的价值比率就会不同,因此二者的总资本的价值构成也就不同。①

这些例子解释了在资本技术构成和资本有机构成相等的不同部门,每小时劳动所推动的生产资料价值的不同所具有的影响。例如,如果铜质或铁质工具(或者羊毛或棉花衣物、银质或金质珠宝)是用一样的技术,并且是用有机构成和技术构成也相同的资本生产出来的,马克思说,那么它们价值构成的不同是因为投入的物质具有不同价值。② 在第一段引文中,马克思只通过资本有机构成来衡量资本技术构成。由于资本有机构成是从生产的角度反映资本技术构成的,所以它忽视了所使用的投入之物的不同价值。马克思能指出的是:即便资本使用了具有不同价值的生产资料,资本也可能拥有相同的有机构成和技术构成。在第二段引文中,马克思的论证有所不同,他直接主张,如果不同部门的两个资本有相同的技术(有机)构成却使用价值不同的生产资料,那么从它们的价值构成看,它们的技术构成和有机构成之间的相同

---

① 参见 Capital 3 (p. 244)。
② 参见 Fine (1989, pp. 62–63)。

就被扭曲了。

马克思同时也关注相反的情形。如果不同部门的资本的价值构成相同，它们能否拥有不同的有机构成以及相应的不同的技术构成？马克思的回答是肯定的。

> 一个有机构成较低的资本，只是由于它的不变部分的价值的提高，表面上可能和一个有机构成较高的资本处于同一阶段上……有机构成相等的各个资本，可以有不同的价值构成；价值构成的百分比相等的各个资本，可以处于有机构成的不同阶段上，从而可以表示劳动社会生产力的不同的发展阶段。①

因此，如果在两个不同的生产过程中，既定量均质化的劳动力把不同量的生产资料转变成最终产品，那么，这些资本会有不同的技术构成和有机构成。然而，如果这些投入之物的价值中不变资本和可变资本的比例相同，那么它们的价值构成也相同。②

这些例子表明，不同行业所消耗的不变资本和可变资本价值上的不同，被资本价值构成而非资本有机构成所捕获；与之相比，生产技术上的不同影响的是资本有机构成，而资本价值构成不能精确地反映这种不同。资本有机构成这个概念很重要，因为在不考虑相应的价值差异（或变化）的情况下，它使得对生产

---

① 参见 *Capital* 3（pp. 900 – 901）。
② "只要较贵的原料的价格下降到较贱的原料的价格，这些资本的技术构成相等这一事实，就会立刻表现出来。这时可变资本和不变资本的这些价值比率就会相等，虽然所用的活劳动同所用劳动条件的量及性质的技术比率，并没有发生变化。"（*Capital* 3，p. 900）

中技术差异（或技术变化，参见本章第三节）的研究成为可能，而资本价值构成不能区分生产中的技术差异。最后一个例子表明了资本有机构成这个概念的范围和局限，表明了资本价值构成的作用：

> 或者假定，材料和劳动（由于它属于较高级的劳动）按同一比例变贵。在这种情况下，资本家 A 在资本家 B 使用 25 个工人的地方使用 5 个工人，这 5 个工人的费用是 100 镑，和那 25 个工人的费用一样，因为他们的劳动变贵了（从而他们的剩余劳动的价值也变贵了）。同时，这 5 个工人加工价值 500 镑的原料 y100 磅，而资本家 B 的工人加工价值 500 镑的原料 x1000 磅，因为在资本家 A 那里材料较贵，劳动生产力较不发达。这里，在两种场合可变资本和不变资本的价值比例都是 100 镑比 500 镑，但是资本 A 和 B 的有机构成不同。①

这个例子非常清晰。虽然资本家 A 和 B 在生产资料和劳动力上花了同样数量的货币（这意味着他们的资本有着相同的价值构成），但是，由于生产技术的不同，他们的资本的有机构成并不相同。

总而言之，虽然资本有机构成和资本价值构成都是对资本技术构成的价值估算，但它们是不同的概念，因为它们对生产资料和劳动力的评价不同。在资本有机构成上，两个产业所使用的生产技术的对比不依赖于两个资本的各个成分价值上的不同，因为资本有机构成是在生产中被定义的。与之相比，不变资本和可变资本价值上的区别（或变化，参见本章第三节），只能被资本价值

---

① 参见 *Theories of Surplus Value* 3（p. 387）。

构成——它是个交换概念——所发现。① 只有在这种情形下，才能彻底理解马克思的定义：

> 资本的构成要素要从双重的意义上来理解。从价值方面来看，资本的构成是由资本分为不变资本和可变资本的比例……决定的。从在生产过程中发挥作用的物质方面来看，每一个资本都分为生产资料和活的劳动力；这种构成是由所使用的生产资料量和为使用这些生产资料而必需的劳动量之间的比例来决定的。我把前一种构成叫做资本的价值构成，把后一种构成叫做资本的技术构成。二者之间有密切的相互关系。为了表达这种关系，我把由资本技术构成决定并且反映技术构成变化的资本价值构成，叫做资本的有机构成。②

第三节　资本积累

资本主义的本质特征之一就是生产技术不断向前发展（参见第五章第二节）。通常由单个公司引入技术变革，提高了自身的资本技术构成，以及相应地提高了自身的资本有机构成和资本价值

---

① 例如："因为在这一篇，我们还是假定各种商品是在社会正常的条件下生产，并且按照它们的价值出售的。因此，我们在每一个场合都假定劳动生产率保持不变。事实上，投在一个产业部门的资本的价值构成，也就是可变资本和不变资本的一定比率，总是表示一定程度的劳动生产率。所以，一旦这个比率的变化不是由不变资本的各个物质组成部分的单纯的价值变化或工资的变化引起的，那也就必定表示，劳动生产率已经发生了变化。"（Capital 3, pp. 50–51）
② 参见 Capital 1 (p. 762)。或者说，"我们把由资本技术构成决定并且反映这种技术构成的资本价值构成，叫做资本的有机构成。"（Capital 3, p. 245）

构成。① 由于这些公司的劳动生产率更高,它们也享有更高的利润率。同一行业不同公司之间的竞争有把这些技术优势普遍化的倾向,这减少了商品的价值,削弱了创新型公司的优势。更一般地说,资本一般的技术构成和有机构成倾向于每隔一段时间提高一次,在其他一切不变的情况下,商品的价值有降低的趋势。②

既然技术变革潜在地改变了所有商品的价值,无论这种改变是直接的还是间接的,那么动态环境下资本构成的确定就应当视生产变革影响商品流通的方式而定。最好从资本一般的层次分析这个问题,在资本一般的层次上,流通一开始就存在的价值("原先的价值"),即所购买的投入之物的价值,高于产品出售时的价值("后来的价值")。③ 这种概念区分对于资本积累极为重要:

> 因为资本流通过程不是一天就完了,而是要经历一个相

---

① 虽然这三者的变化是同时进行的,但是从逻辑上讲,首先是资本技术构成有所变化,其次是这种变化反映在资本有机构成上,最后是资本价值构成。

② 在《经济学手稿(1857—1858年)》中,马克思已经意识到这一点;但是,他还没有为展开资本的构成所需要的那些概念下定义:"如果资本的总价值不变,那么生产力的增长就意味着资本的不变部分(由材料和机器构成)与资本的可变部分相比,即与资本中同活劳动相交换的、构成工资基金的那部分相比会增长。这同时表现为,较少量的劳动推动更多量的资本。"(p. 389)在 p. 831,他补充说:"随着劳动生产力的发展,劳动的物的条件即对象化劳动,同活劳动相比必然增长……这一事实,从资本的观点看来,不是社会活动的一个要素(物化劳动)成为另一个要素(主体的、活的劳动)的越来越庞大的躯体,而是……劳动的客观条件对活劳动具有越来越巨大的独立性(这种独立性就通过这些客观条件的规模而表现出来),而社会财富的越来越巨大的部分作为异己的和统治的权力同劳动相对立。"(参见 pp. 388 - 398, 443, 707 和 746 - 747)还可以参见 Chattopadhyay (1994, pp. 37 - 38),Fine (1989, pp. 60 - 63),D. Harvey (1999, pp. 127 - 128),Reuten and Williams (1989, p. 120) 和 Uno (1980, pp. 52 - 53)。

③ 参见 5.2 节,Carchedi (1984, 1991),Fine (1990, 1992),Moseley (2000b) 和 Weeks (1981, ch. 8)。

当长的时期资本才能返回自身,因为这个时期同市场价格平均化为费用价格的时期是一致的;因为在这个时期内市场上发生重大的变革和变化;因为劳动生产率发生重大的变动,因而商品的实际价值也发生重大的变动,所以,很明显,从起点——作为前提的资本——到它经过一个这样的时期返回自身,必然会发生一些大灾难,危机的各种要素必然会积累和发展起来……一批商品在一个时期的价值和同一批商品在较后一个时期的价值的比较……倒是资本流通过程的基本原则。①

资本有机构成和资本价值构成的流通中应该使用哪个价值?老旧且更高的价值还是新近且更低的价值?对马克思来说,答案是晦涩的。在新技术影响产出之物的价值之前,资本有机构成反映了这部分资本最初的(更高的)技术构成。与之相比,资本价值构成反映了不变资本和可变资本中这些因素最终的(更低的、同步化的)价值,它取决于改变后的生产条件和交换中新确立的生产条件。因此,社会的价值构成的变化抓住了社会的技术构成的提高以及商品价值的下降,包括作为投入之物使用的那些商品。结果,资本价值构成的增长要比社会的技术构成和有机构成慢得多。

> 资本技术构成的这一变化……又反映在资本的价值构成上,即资本价值的不变组成部分靠减少它的可变组成部分而增加……不过,资本可变部分比不变部分的相对减少,或资

---

① 参见 *Theories of Surplus Value* 2 (p. 495);还可以参见 *Capital* 2 (p. 185),*Theories of Surplus Value* 3 (p. 154) 和 Bologna (1993b)。

本价值构成的变化，只是近似地表示出资本的物质组成部分构成上的变化……原因很简单：随着劳动生产率的增长，不仅劳动所消费的生产资料的量增大了，而且生产资料的价值比生产资料的量相对地减小了。这样一来，生产资料的价值绝对地增长了，但不是同它的量按比例增长。①

与之相比，社会的资本有机构成由"原先的"价值来衡量，而且与社会的资本技术构成同时发生。在发达资本主义条件下，当技术进步成了积累的主要杠杆时，我们发现资本技术构成和资本有机构成甚至比社会资本本身发展更快：

劳动生产力的发展以及由此引起的资本有机构成的变化，不只是同积累的增进或社会财富的增长保持一致的步伐。它们的进展要快得多，因为简单的积累即总资本的绝对扩大，伴随有总资本的各个分子的集中，追加资本的技术变革，也伴随有原资本的技术变革。②

第四节 结论

只有在有比较的情况下做出的对比才能把资本有机构成与资

---

① 参见 Capital 1（pp. 773 - 774），还可以参见 Capital 3（pp. 317 - 319, 322 - 323）。
② 参见 Capital 1（p. 781）。再者，"对劳动的需求，不是由总资本的大小决定的，而是由总资本可变组成部分的大小决定的，所以它随着总资本的增长而递减，而不像以前假定的那样，随着总资本的增长而按比例增加。对劳动的需求，同总资本量相比相对地减少，并且随着总资本量的增长以递增的速度减少。诚然，随着总资本的增长，总资本的可变组成部分即并入总资本的劳动力也会增加，但是增加的比例越来越小"（Capital 1, pp. 781 - 82）。

本价值构成区分开。如果比较同一时刻的两个资本，那么，就是把每小时劳动生产所消耗的不变资本的价值（对资本价值构成的定义就源于此）与同一时间并入的生产资料的量——它决定了资本技术构成和资本有机构成——做比较。这种情况在理论上很重要，正是通过对有机构成不同的资本的静态比较，马克思在《资本论》第二卷和第三卷展开了由价值向产品价格的转化（参见第七章）。

在动态环境中，技术变革中资本有机构成和资本价值构成能被计算出来。前文已经表明，此二者被区分开来是因为资本有机构成是对每小时（有酬的或无酬的）劳动所要求的（固定的或流通中的）不变资本的事先的估算，而资本价值构成则是新的（流通中的）不变资本和生产的最后一个阶段耗费的可变资本之间的事后的比例。因此，资本有机构成是在生产时被计算出来的，而资本价值构成是在流通中被确定的，是在劳动被规范化、同步化和均质化，新价值已然被确定，而商品即将进入交换领域的时候被计算出来的。在这种背景下，马克思在《资本论》第三卷的第三部分提出了利润率下降趋势的规律。[①]

看起来，不同时候马克思对资本技术构成、资本有机构成和资本价值构成的使用有歧义，因为资本有机构成和资本价值构成都是对资本技术构成的价值估算。然而，这些概念的含义和重要性大不相同，而且马克思在术语上的变化反映了他逐渐意识到，想要分析资本的积累、价值向产品价格的转化、利润率下降的趋势以及不同类型的租金等，资本的构成极为重要。更重要的是，它们有助于阐明资本积累对社会资本再生产的影响。持续的技

---

① 参见 Fine（1989，ch. 10；1992）。

变革提高了资本技术构成、资本有机构成和投入之物的总价值，但降低了产出之物的价值、未来投入之物的价格和资本价值构成。现实（尤其是大规模的固定资本）如何适应这些变化对于资本积累的过程很重要，因为大量资本的突然贬值能引发经济混乱和经济危机。

第七章 价值转化为生产价格

不同部门的竞争引入了《资本论》中分析层次的一次重要转变。这一类竞争连同资本迁移的可能性,共同解释了经济中资本和劳动的分配,解释了由价值到价格的转变,后者变成了生产价格。价值向生产价格的转化(参见第五章第四节),是依据每个资本的大小——不论其最初大小如何——进行的剩余价值的再分配。

这种转化对马克思的著作很重要,而马克思又给出了看似反直觉的转化方式,这使转化问题得到广泛的关注。[1] 经常有人主张转化揭示了马克思方法的根本缺陷,并证明了以马克思价值理论为基础的分析在劫难逃。[2] 这些主张受到了来自众多文献的广泛的(不囿于马克思主义的)批评。这些文献主张:很容易就可以(用不同方式)矫正马克思转化程序中的问题,抑或马克思的方法是一致的,需要恰当地理解而非修正马克思的方法。[3] 本章以这种观

---

[1] 与转化问题有关的文献数量极多,在这里既无必要也无时间一一审视。可以参见 Desai(1989,1992),Dostaler and Lagueux(1985),Elson(1979a),Fine and Harris(1979,ch.2),Freeman and Carchedi(1996),Howard and King(1991,chs.12-14),Laibman(1973),Mandel and Freeman(1984),Mohun(1995),Schwartz(1977),Steedman(1981)和 Sweezy(1949)。

[2] 例如,请参见 Böhm-Bawerk(1949),Samuelson(1957,1971)和 Steedman(1977)。

[3] 参见第二章以及 Arthur and Reuten(1998),Baumol(1974,1992),Duménil(1980),Fine(1986a),Foley(1982,1986),Kliman and McGlone(转下页注)

点为基础，但从不同角度切入。前面的分析通常主张转化源于预付资本的价值构成的不同。与之相比，众所周知的是，马克思把转化归结于资本的有机构成的不同。第六章对这些概念做了比较和对比，本章将勾勒出它们在转化上的意义。①

本章分为四节：第一节介绍剩余价值、利润和利润率等概念，并且探讨不同的资本有机构成在决定利润上的作用。第二节以预付资本有机构成上的区别为基础，对马克思的转化程序做出解释。第三节讨论所投入价值的转化，讨论（对马克思所分析的价值形式而言）这种转化的意义。第四节判定如此解读马克思的意义。

第一节 剩余价值、利润和资本构成

《资本论》第三卷一开始就把剩余价值和利润两个概念区分开来。剩余价值（s）是新生产的价值和劳动力价值之间的差额，利润是产品价值和不变资本（c）、可变资本（v）价值的差额（参见第四章第一节）。

剥削率（$e = s/v$）用以测算每个单位的可变资本创造的剩余价值。与之相比，利润率（r）用以测试资本的增长率，在这种情况下，生产资料和劳动力在生产中的不同作用是无关紧要的。利润

（接上页注③）(1988)，Moseley (1993)，Moseley and Campbell (1997)，Ramos - Martínez and Rodríguez - Herrera (1996)，Shaikh (1977, 1981, 1982)，Wolff, Roberts and Callari (1982, 1984) 和 Yaffe (1974)。

① 这种解读是对 Fine (1983) 最早提出的方法的进一步发展；还可以参见 Fine (1980, pp. 120 - 121; 1989, pp. 76 - 77) 和 Saad - Filho (1997b)。类似的观点，参见 Albritton (1984, pp. 165 - 166; 1986, pp. 60 - 61)，Likitkijsomboon (1995, pp. 95 - 96)，Postone (1993, p. 271)，Reuten (1993, pp. 101 - 102)，Rubin (1975, pp. 223, 231, 241, 247 - 248) 和 T. Smith (1990, pp. 167 - 168, 170 - 172)。

率是：①

$$r = \frac{s}{c+v} = \frac{e}{(c/v)+1}$$

c/v 是资本的价值构成。②

马克思随后思考投入的数量、质量和价值的变化对利润率的影响，思考每一个节点的变化、剩余价值率的变化意味着什么。在《资本论》第三卷第八章，马克思指出，影响一般利润率的因素也会导致不同部门单个资本的利润率之间的差异：

> 如果其他条件不变，不同生产部门所使用的资本的周转时间不同，或者这些资本的有机组成部分的价值比率不同，那么，同时并存的不同生产部门的利润率就会不同。我们以前当做同一个资本在时间上相继发生的变化来考察的东西，现在要当做不同生产部门各个并存的投资之间同时存在的差别来考察。③

这一段标志着分析层次的变化，是对不同部门资本竞争的介绍。这一变化提出了转化的必要性。但令人惊讶的是马克思并未直接阐释这个问题。相反，在接下来的段落，他分析了资本技术构成、资本有机构成和资本价值构成（TCC、OCC 和 VCC；参见第六章）之间的差别。看似走了弯路之后，马克思在《资本论》第三卷第九章考察转化问题。

投资在不同部门的资本利润率，可能会因为其有机构成或价值构成而有所不同。例如，生产钢制器皿和铝制器皿（或生产棉质

---

① 参见 *Capital* 3（pp. 42，49，50，247）。
② 参见 *Capital* 3（p. 161）。
③ 参见 *Capital* 3（p. 243）；还可以参见 *Theories of Surplus Value* 2（p. 384）。

衣物和毛质衣物）且具有同样技术的两个资本有着同样的技术构成和有机构成。然而，投入价值的不同意味着它们的价值构成和利润率——直接以价格来衡量——是不同的。众多文献常常以此解释转化的必要性。然而，马克思感兴趣的是另一个问题。假设同样的两个资本以不同技术生产货物，一个资本雇佣了相对而言更多的机器而另一个资本雇佣了相对而言更多的劳动。在这种情况下，不考虑投入的花费（和资本的价值构成），雇佣更多劳动的资本有较低的有机构成，生产更多价值和剩余价值，并且（在其他一切相同的情况下）有更高的利润率。

这些例子很重要，因为它们表明资本有机构成把利润率和生产领域连在一起，正是在生产领域中，活劳动创造价值和使用价值。与之相比，资本价值构成把利润率与交换领域连在一起，正是在交换领域中，商品被交易、预付资本的增长用新确立的价值来衡量（参见第五章和第六章）。马克思这样描述资本有机构成和资本价值构成的不同对利润率的影响：

> 不以资本有机组成部分的变化或资本绝对量为转移的利润率波动，可以在下述情况下发生：预付资本……的价值提高或降低，是由于预付资本的再生产所必需的劳动时间的增加或减少，而这种增加或减少与现有的资本无关……如果在改变了的条件下再生产同一物质资本一般需要加倍的时间，或者相反，只需要一半的时间，那么在货币价值不变时……利润也就会相应地表现为加倍的或减半的货币额。但是，如果它包含资本有机构成的变化，就是说，使可变资本部分对不变资本部分的比率提高或降低，那么，在其他条件不变的情况下，利润率就会随着可变资本的相对提高而提高，随着

可变资本的相对降低而降低。①

如果马克思的兴趣点主要在于预付资本各要素价值的不同对价格的影响，抑或不变资本和可变资本不同的消耗率对利润率的影响，那么他的转化将围绕资本价值构成展开。大部分文献就是从这个视角切入这个问题的，但马克思的做法可不是如此。马克思对资本有机构成的强调表明，他主要关心预付资本（剩余）价值创造能力的不同对价格的影响，抑或（不考虑生产资料的价值）把生产资料变成产品所必需的不同量的劳动对价格的影响。② 从直觉看，这种思路是为了劳动价值论，让我们更加详细地讨论这个问题。

---

① 参见 Capital 3（pp. 237 - 238）。马克思明确意识到有可能影响资本利润率的价格因素。假设剩余价值率相等，那么，"在资本量相等的情况下……这些资本所生产的剩余价值量依下述情况不同而不同：第一，资本的有机组成部分的比例，即可变资本和不变资本之间的比例；第二，资本的周转时间，因为这个时间取决于固定资本和流动资本之间的比例，以及不同种类固定资本的不同的再生产期间；第三，和劳动时间本身长度不同的、真正生产期间的长度，这个长度也决定生产期间和流通期间的比例的重大差别。（上述第一个比例，即不变资本和可变资本之间的比例本身，可以由非常不同的原因产生。例如，它可以仅仅是形式上的，——当一个生产领域加工的原料比另一个生产领域加工的原料贵的时候，就是这样，——或者，它可以由不同的劳动生产率产生，等等。）"（Theories of Surplus Value 2，p. 28）然而，对马克思来说，在分析上，运动的劳动量是利润率不同的最重要的原因（参见下文）。还可以参见 pp. 23，28，175 - 178，198，381 - 391，426 - 427，Capital 3（pp. 142 - 145，246 - 248），Theories of Surplus Value 3（p. 177），Marx（1985，pp. 22 - 24），Himmelweit and Mohun（1978，pp. 70，77）和 Rubin（1975，p. 231）。

② Ben Fine（1983，p. 522）第一个指出了马克思转化问题的这个本质特征："由于马克思用有机构成讨论转化问题，那么他关心的是下列问题：不同部门被生产为商品的原材料（且不考虑它们的价值）量上的差别对价格的影响。对转化问题的传统关切会考虑原材料价值的差别。传统关切通常由原材料价值出发，对原材料价格上的不同作解释。"Fine（p. 523）的结论是："马克思并没有弄错他所提出的问题，这个问题与人们所认为的不是同一个问题。"

第六章第二节已然证明，资本技术构成和资本有机构成的静态比较勾勒出了劳动力价值和生产资料价值的不同，勾勒出了唯有生产条件的不同才具有影响力。这引导马克思得出一个简单但有力的结论。如果我们提取投入的价值，不考虑所生产的商品，那么有机构成最低的资本雇佣了相对更多的工人、生产更多的剩余价值。①

这个结论指出了这种主张——资本有机构成对利润创造的分析有用处——的两个原因。第一，它把剩余价值和利润的来源牢牢地固定在无酬劳动上。这有助于证实马克思的主张：机器不创造价值，剩余价值和利润不来自不平等交换，以及商业利润、利益和租金只不过是所生产的剩余价值的一部分（参见第三章第二节和第四章第一节）。② 第二，它在生产领域而非交换领域把利润率、劳动分配、剩余价值和产品价格等概念串联起来。接下来，通过有机构成不同的五种资本的对比，马克思阐释一般利润率是如何形成的，以及产品价格是如何决定的。

第二节　从价值到生产价格

在《资本论》第三卷第九章著名的转化表中，马克思比较了值 100 镑的五种资本（包括固定资本和流通资本），并且说它们的利润率不同是因为资本有机构成不同。从它们的单个利润率，马克思计算出平均利润率；从这个平均利润率，马克思获得了产出

---

① "如果剩余价值率，剩余劳动率既定，剩余价值量就取决于资本的有机构成，即取决于一定价值的资本例如 100 镑所雇用的工人人数。"（*Theories of Surplus Value* 2, p. 376）

② 参见 Nell（1992, p. 55）。

之物的生产价格。①

以下两个问题的原因很重要，但文献很少对它们加以探讨：马克思为何计算同样额度即 100 镑的资本，以及他为何用每个资本的全部产出之物，而不是用单位价格，来确定生产价格？原因可能在于使用它们非常方便。但是，既然马克思对资本有机构成感兴趣，这个程序就是必要的。让我们从同样规模的预付资本开始：

> 资本的有机构成……必须按它的百分比来考察。一个资本的 4/5 为不变资本，1/5 为可变资本，它的有机构成，我们用 $80c + 20v$ 这个公式来表示。②

在转化及其他地方，马克思多次提到百分比的形式。他这样做是因为当直接测量不可能的时候，唯有这种方式才能估算静态下的资本有机构成。如果我们像马克思一样假设在每个公司劳动的价值生产率是相同的，并且剩余价值率的决定是为了整个经济（参见第四章第一节），那么百分比形式（例如，用 $60c + 40v$，而不是用 $6c + 4v$ 或 $180c + 120v$；用 $80c + 20v$ 而不是用 $8c + 2v$ 或 $2400c + 600v$）就具有显著后果：可变资本变成了所购买劳动量的指数。③ 而且，所推动的劳动量和产出的价值以及利润率具有直接关系。这就是转化中马克思想要强调的东西。由于这种关系是在生产中建立起来的，所以它们蕴含着资本的有机构成（而非价值构成）：

---

① 参见《资本论》第三卷，人民出版社，2004，第 174~176 页。——译者注
② 参见 Capital 3（p. 254）。
③ 参见 Capital 3（pp. 137，146，243-246），D. Harvey（1999，p. 127）和 Rubin（1975，pp. 231-247）。

用百分比计算的不等量资本，——或者说等量资本，在这里是一样的，——在工作日相等、劳动剥削程度相等时，会生产出极不相同的利润量，因为它们会生产出极不相同的剩余价值量；确切些说，这是因为在不同的生产部门由于资本的有机构成不同，它们的可变部分也就不同，因而它们所推动的活劳动量也就不同，它们所占有的剩余劳动量，即剩余价值从而利润的实体的量，也就不同……在劳动剥削程度相等时，资本100所推动的劳动量，从而它所占有的剩余劳动量，取决于它的可变组成部分的大小……因为不同生产部门按百分比考察的资本——或者说，等量资本——，是按不同比率分为不变要素和可变要素的，它们所推动的活劳动不等，因而所创造的剩余价值从而利润也不等，所以，它们的利润率，即那个正好由剩余价值对总资本用百分比计算得出的利润率也就不同。①

使用百分比的形式有助于阐明这个原则——利润是在生产中创造出来的，它主要依赖于劳动力的量，而不是生产资料的价值。对马克思来说，这证明了利益这种收益来自社会剩余价值。② 最

---

① 参见 Capital 3（pp. 248 - 249）。或者说，"由于投在不同生产部门的资本有不同的有机构成，因而，由于等量资本按可变部分在一定量总资本中占有不同的百分比而推动极不等量的劳动，等量资本也就占有极不等量的剩余劳动，或者说，生产极不等量的剩余价值。根据这一点，不同生产部门中占统治地位的利润率，本来是极不相同的"（p. 257）。还可以参见 Capital 1（pp. 421，757），Capital 3（pp. 137 - 138），以及 Theories of Surplus Value 3（p. 483）。
② 参见 Capital 3（pp. 257 - 258，298 - 299，312 - 313），Theories of Surplus Value 2（pp. 29，64 - 71，190），Theories of Surplus Value 3（pp. 73，87）和 Grundrisse（pp. 435，547，760）。换句话说，同一部门不同的资本在利润率上的不同之所以产生，是因为它们每小时生产不同数量的价值，而不同部门的（转下页注）

第七章　价值转化为生产价格

后,百分比的形式表明,总价值等于产品的总价格,总剩余价值等于总利润。

这些相等对马克思非常重要。不应该把它们理解为两个独立的条件或"可验证的假设",仿佛只要未得到经验证明,马克思的价值理论就失败了似的。对马克思来说,这些相等是一回事儿,必须坚持这些相等,但是它们的影响表现在不同层次上。总价格等于总价值是因为价格只不过是价值的一种形式,或者是因为总利润等于总剩余价值。单个价格不等于价值是因为(出于剩余价值的再分配)利润不等于剩余价值。这些相等总是成立的,因为它们表达了在不同的分析层次上社会劳动这个概念的发展(参见第一章第一节)。①

马克思由所投入价值和货币-商品价值的转化所做的抽象(这种抽象自然而然地随着他对资本有机构成的分析而来),确认了应当从理论上理解这些相等。它们表达了价值和剩余价值与它们的表现形式即价格和利润的关系。生产价格是相对复杂的价值形式,在生产价格中,价格-价值的差别在经济领域重新分配剩

(接上页注②)资本在利润率上的相同是因为价值转化。"竞争在同一生产领域所起的作用是:使这一领域生产的商品的价值决定于这个领域中平均需要的劳动时间;从而确立市场价值。竞争在不同生产领域之间所起的作用是:把不同的市场价值平均化为代表不同于实际市场价值的费用价格的市场价格,从而在不同领域确立同一的一般利润率。因此,在这第二种情况下,竞争决不是使商品价格去适应商品价值,而是相反,使商品价值归结为不同于商品价值的费用价格,取消商品价值同费用价格之间的差别。"(Theories of Surplus Value 2, p.208) 还可以参见 pp.126,206-207,Shaikh (1982, p.77) 和 Weeks (1981, ch.6,1982a)。

① 参见 Capital 3 (p.257),Theories of Surplus Value 2 (p.190),Grundrisse (p.767),Duménil (1980, pp.10-14;1984, p.343),Foley (1986, p.8),Lagueux (1985, p.121),Roberts (1987, pp.89-90),de Vroey (1981, p.190;1982, p.45),Wolff, Roberts and Callari (1984, p.128)。

余价值,直至行业内每个部门的平均资本有了相同的利润率。①

让我们换个角度看待这个关系。商品价值和价格可以从不同层次来分析。在极为抽象的层次上,价值是一种社会生产关系,或者用量化的术语来说,是再生产每一种商品所必需的社会劳动时间。它还可以被看作这一劳动时间的货币表达——直接价格、产品价格或市场价格(参见第五章)。这种变化源于对这些概念的提炼升华、在更为复杂的层次上进行概念的再生产,这能抓住对价格形式和价值关系而言日益复杂的决定性因素。对它们的详细研究是马克思著作和马克思价值理论中比重很大的一部分。②

我们在上文看到了百分比形式的便利之处,它凸显了预付资本有机构成上的差别对利润率的影响。然而,由于它把所有资本都当成 100 镑而不管资本的实际规模,所以,百分比的形式改变了平均利润率,改变了每个原初资本生产出来的数量:

> 在上述关于一般利润率形成的例解中,我们假定每个生产部门每个资本都等于 100。这样做,是为了说明利润率的百分比差别,从而说明各等量资本所生产的商品的价值的差别。但是不言而喻,由于每个这样的生产部门的资本构成都是已定的,每个特殊生产部门所生产的实际的剩余价值量就取决于所使用的资本的量……所以很清楚,社会资本每 100 的平均利润,从而平均利润率或一般利润率,由于投在不同部门的

---

① "价值不能真正转化为价格,因为这两者在不同的解释层次上发挥理论作用;对于每一个商品,都是既有价值又有价格。"(Mattick Jr. 1991-92, p.40)还可以参见 Hilferding (1949, p.159)、Rubin (1975, pp.176, 250-257)、Weeks (1981, p.171) 和 Yaffe (1995, p.85)。在这种意义上,关注于总和相等的程序没抓住转化的要义。

② 参见 Fine (1980, p.125);强有力的表述,参见 de Vroey (1982, p.45)。

各自的资本量不等而差别很大。①

由于通过百分比形式计算出来的价值、剩余价值、价格和利润不同于它们的原规模,所以不可能通过马克思的转化程序计算价格矢量。由于百分比形式对于资本有机构成的测算是必要的,而且,这种形式使用排除了价格的计算,所以这一点不可能有争议:马克思讨论转化问题的主要目标就在于设计出一种计算价值矢量的方法。也许有人发现这有些令人失望——转化"问题"的侧重点竟然不在于价格计算,其实这一点儿都不奇怪。它实质上是个定性问题:它证明了与价值相比,生产价格是社会劳动的更为复杂的表达形式,因为它反映了经济中劳动和剩余价值的分配情况。② 对投入价值的分析与这个目的无关,分析它们会遮蔽而非阐明这里所要讨论的真正的问题。

第三节 投入价值的转化

前文解释过,转化的第一阶段是所有资本新生产的剩余价值的再分配,以便使经济领域的利润率趋向均衡。然而,这个转化还有另外一个阶段:在这个阶段,投入价值和价值货币被转化了。在分析上这个阶段是次要的,它并未受到马克思的太多关注,然而,对转化的意义和重要性的许多争议恰恰来源于此。

经常有人说马克思在其程序中忽略了所投入价值的转化。然

---

① 参见 *Capital* 3 (pp. 261–262)。
② 这一点为更加细致地解读马克思的学者们所认可。参见 Baumol (1974, p. 53), Schefold (1998), Shaikh (1984, p. 44), Shamsavari (1987) 和 Yaffe (1974, p. 46)。

而，这种表述并不完善。出于两个理由（在第六章第二节所讨论的限度内），马克思抽出了所投入的价值。第一，所投入的价值与他的论证（价格是价值表现的形式、利润是剩余价值表现的形式）并不相关。第二，所投入和所产出的价值同时转化，便无法探查剩余价值的生产和再分配，这可是转化的理论核心。如果投入和产出同时转化，那么只有两个对立的、不相关的相对价格体系存在，一个是价值体系，另一个是价格体系。而且，价格和利润不能在前一个体系中得到测算，价值和剩余价值也不会出现在后一个体系中。它们固有的关系将是看不见的。相反，如果我们追随马克思的程序并且抽出生产资料的价值，那么，通过不同商业部门剩余价值的变化，上述分裂就能避免，抽象程度的变化也能被"看到"。

抽出生产资料的价值，这就把剩余价值的分配以及随之而来的生产价格的确定向公众公开，而不用考虑随转化而来的交换率的系统改变。再者，它抓住了货币商品的价值转化的影响，这种影响本来会使价值和价格的关系更加复杂，会使引入的概念模糊不清，尤其是货币生产部门的资本价值构成不同于社会平均水平的时候。[①] 总而言之，不能从马克思的转化程序计算价格矢量，理由有三个：（1）马克思处理的是每 100 镑预付资本生产的商品的生产价格，而不是它们的单位价格；（2）他抽出可投入价值的转化；并且（3）抽出来货币－商品价值的转化。[②]

[①] 参见 *Capital* 3 (p.142), Foley (1983, p.9), Mattick Jr. (1991–92, pp.51–52) 和 Uno (1980, p.95 n.5)。依据传统思路，货币的价值取决于货币商品（金）的生产条件。这些条件与经济均值的差别，创造了货币单位的"内在"价值与其在交换中的表现之间的差异，这使总和的相等变得模糊起来。金生产使用的固定资本，使数学很难处理价格的决定方式。

[②] 对马克思方法的这些特征认识不足，部分原因在于 Bortkiewicz (1949, 1952) 倡导的程序。例如，Desai (1992, p.17) 抱怨马克思"忘了提及（转下页注）

换言之，这种由来已久的反驳——马克思的转化理论错就错在没处理所投入价值的转化——是不相关的。因为如果转化以资本有机构成为轴，那么生产资料的价值就是无关紧要的，它们的转化不能影响结果。同样的论证也可以用来消解这种批评——马克思"忘记了"货币 - 商品价值的转化（抑或马克思没有处理这个问题的数学能力）①，或者说他用单位价值和单位生产价格等术语为这个问题下定义时失败了。马克思的程序足以导出生产价格这个概念（虽然它不是由此程序直接计算出来的结果），因为它把原因（生产中进行的劳动和通过剩余价值的榨取而来的剥削）和结果（净利润的存在以及迫使各部门利润均衡的力量）分割开来。②

介绍完生产价格的概念后，马克思的分析达到了更复杂的层次，可以考虑转化的第二个阶段了。当资本有机构成被取代，而生产资料和劳动力的价格牵扯进来以后，出于两个原因，商品价格有可能背离其价值：

(接上页注②)由这五个领域生产的物质商品仍旧会产生一个问题。因此，我们并不清楚这些领域使用的可变资本 c_i 和 v_i 来自哪儿。而且，当我们得到了生产价格 p_i，它表达的不是单位产出的价格，而是对象化在商品中的劳动时间。这不是我们在市场上看到的价格……在某种程度上，马克思'消除了'价值到价格转化中由投入到产出的物质阶段"。

① 参见 Bortkiewicz（1952，p. 56），Hodgson（1973）和 Samuelson（1971，p. 418）。
② "人们必须……拒绝这种断言：马克思认为价格必定由（他的转化计算而来的）价值推论而来。马克思非常清楚，他的'生产价格'与古典经济学的'自然价格'是一回事儿……然而，他并未指控古典经济学家没使用马克思式的价值、推导价格关系时犯了错误。相反，他再三重复的控诉是：古典经济学家仅仅处理'这种表象'……对于马克思，价格和价值不是一回事儿。价值既不是价格的等价物，也不是计算价格的必要步骤。相反，这二者中一个是明面的表现形式，而另一个想要解释隐藏着的实在。" Baumol（1992，p. 56）还可以参见 Duménil（1983 - 84，p. 434）。

1. 加在一个商品的成本价格上的，不是该商品中包含的剩余价值，而是平均利润；

2. 一个商品的这样同价值偏离的生产价格，会作为要素加入另一个商品的成本价格，因此，撇开商品本身由于平均利润和剩余价值的差额而发生的偏离不说，一个商品的成本价格，就已经能够包含同该商品中所消费的生产资料价值的偏离。①

观点上的这种变化，即由价格概念的起源到价格层次上的经济研究，引出了生产价格概念的深层次决定因素，并且总结了马克思的转化程序。一方面，偏离剩余价值——它由对生产资料和劳动力价值的抽象而来——的分配推导价格；另一方面，众所周知，价格矢量的计算蕴含着当今的生产技术、工资率和（价格－）利润率。② 总之，正如第一章所证明的，马克思的方法包含的不仅仅是一些概念向另一些概念的渐进式转变，还有每个概念的含义的逐渐变化，无论何时，这对改进分析是必要的。③ 做完这些后，马克思现在可以说他的生产价格指的是：

---

① 参见 *Capital* 3（pp. 308 - 309）。换句话说，成本价格（之前投入的价值）现在成了它们的价格："我们原先假定，一个商品的成本价格，等于该商品生产中所消费的各种商品的价值。但……因为生产价格可以偏离商品的价值，所以，一个商品的包含另一个商品的这个生产价格在内的成本价格，也可以高于或低于它的总价值中由加到它里面的生产资料的价值构成的部分。必须记住成本价格这个修正了的意义，因此，必须记住，如果在一个特殊生产部门把商品的成本价格看做和该商品生产中所消费的生产资料的价值相等，那就总可能有误差。"（*Capital* 3，pp. 264 - 265）还可以参见 pp. 1008 - 1010，*Theories of Surplus Value* 3，(pp. 167 - 168)，Mattick, Jr.（1991 - 92, pp. 18 - 19, 47 - 51）和 Yaffe（1974, p. 46）。

② 参见 *Capital* 3（pp. 259 - 265, 308 - 309）。

③ 当马克思讨论商业资本的时候，生产价格和一般利润率这两个概念又有所改进，参见第一章第一节和 *Capital* 3（pp. 398 - 399）。

第七章 价值转化为生产价格

这就是亚·斯密所说的"自然价格",李嘉图所说的"生产价格"、"生产费用",重农学派所说的"必要价格",不过他们中间谁也没有说明生产价格同价值的区别……我们也理解了,为什么那些反对商品价值由劳动时间,由商品中包含的劳动量来决定的经济学家,总是把生产价格说成是市场价格围绕着发生波动的中心。他们所以会这样做,因为生产价格是商品价值的一个已经完全表面化的、而且乍看起来是没有概念的形式,是在竞争中表现的形式,因而是存在于庸俗资本家的意识中,因而也是存在于庸俗经济学家的意识中的形式。①

在这个阶段,

> 商品的价值还只是直接地表现在变化的劳动生产力对生产价格的涨落,对生产价格的运动——而不是对生产价格的最后界限——产生的影响上。利润还只是表现为由对劳动的直接剥削附带地决定的东西,因为对劳动的这种直接剥削使得资本家可以在似乎不以这种剥削为转移的起调节作用的市场价格下实现一个偏离平均利润的利润。②

马克思的价格理论有两个部分:一方面,它是与古典经济学类似的生产花费理论;另一方面,马克思的理论有其独特性,因为马克思从资本主义条件下劳动的社会分工来解释价格形式,这是更复杂的分析层次。这种转化对《资本论》的结构有四重影响:第一,它解释了为什么市场交换并不受再生产每种商品所必需的社会必要

---

① 参见 Capital 3(p. 300),还可以参见 p. 268,Capital 1(pp. 678–679)和 Marx(1998, p. 38)。
② 参见 Capital 3(pp. 967–968)。

劳动时间的直接控制；第二，它证明了价格是社会劳动的相对复杂的形式；第三，它认可就马克思对价值形式的分析做出更为复杂的理解（参见下文）；第四，它解释了经济中劳动的分配。① 虽然没有最终完成，但马克思的程序很重要，因为这种程序进一步推进了他对资本主义经济的重构，并且支持了这种观点：唯有活劳动（不包括生产资料所代表的死劳动）能创造价值和剩余价值。

与之相比，想要论证一开始就应当把投入的价值考虑进去，它们也应该被转化为产出的价值的种种思路，常常混淆了价值生产中活劳动和死劳动的作用，它们不能把工人和生产中的机器区分开。"投入之物未转化"绝不是一个缺点。相反，它是马克思方法的一个特征。抽出了投入之物和货币-商品的价值后，马克思把利润的源泉定位在生产中进行的劳动上，并且细心构建了流通能够被纳入分析之中的条件。

第四节 结论

本章证明了马克思的价值向生产价格的转化分为两个阶段。第一个阶段，他抽出了生产资料的价值，以便强调这一原则——

---

① "经常有人说，总的剩余价值要进行再分配，以便让诸多资本依照资本的量——交换劳动力和生产资料的量——而分有它；人们假定这种再分配是由于价值和生产价格的差异而发生的。然而在再分配之前，这种世界状态并非真实的存在。竞争依照总预付资本对总剩余价值进行分配，这当然没问题；但是，根本不存在再分配。再分配过程不是现实世界中的过程，而是概念的过程，它象征着不同层次的概念所要求的理论转化。"（Himmelweit and Mohun 1978, p. 83）还可以参见 p. 98, *Capital* 3（pp. 311, 428 – 429）, Himmelweit and Mohun（1981, p. 248）, Salama（1984, pp. 227 – 233）和 de Vroey（1982, p. 48）。相反的观点，参见 Duménil（1984）, Foley（1982, p. 44）, Shaikh（1977, p. 126; 1991, p. 78）和 Winternitz（1948, p. 277）。

价值是由劳动单独创造的,或者说,所推动的活劳动量越大,生产的剩余价值就越多。剩余价值依照每个资本所形成的(不同于价值的)价格的多少进行分配。第二个阶段,在生产价格的层次上分析经济。所有商品都依照其价格销售,投入的价格也被考虑在内。转化的作用在于:它认可决定社会劳动的形式的是更大的东西,并且对经济中劳动和剩余价值的分配做出解释。

为了把这两个阶段区分开,资本有机构成的使用非常关键,因为它有助于确定转化的原因,并且有助于解释价格和价值的关系。尤为重要的是,它证明了马克思的兴趣在于劳动、价格和利润的概念关系,而不在于对价格或利润率的代数计算。最后,它表明在这种情况下所预设的均衡是站不住脚的。对转化的这种解读表明《资本论》第三卷表达的东西与马克思的方法相一致,这是他重构资本主义经济的主要范畴的一部分。

大多数文献通过资本价值构成来研究转化问题,这本身并不是错误的,而且有可能引出重要的理论进展,然而,这种思路并没有继承马克思的问题。这种方式所能引出的各种解决方案,可以通过它们思考问题的结构、前面的诸多程序和所受到的对待而相互区分开来。在文献中找到的诸多转化程序是马克思的程序的代替品。不能说那些程序"修正"了马克思的程序,因为它们表述的是不同的问题,而且它们的价格-价值关系的概念与马克思的概念也不一样。对马克思的转化理解不到位,就会抱怨马克思忘了生产技术的特殊性,抑或马克思没转化所投入的价值。[1] 本章已然证明这些反

---

[1] 参见 Bortkiewicz(1949, p. 201; 1952, p. 9)、Desai(1989)、Dobb(1967, pp. 532-533)、Duménil(1980, pp. 8, 22-23, 51)、Lipietz(1982, p. 64)、Meek(1956, p. 98; 1973, pp. xxi, 191)、Sweezy(1949, p. xxiv; 1968, p. 115)、de Vroey(1982, p. 47)和 Winternitz(1948, p. 278)。

对是不合时宜的,因为它们强调的问题并非马克思在转化中关注的主要对象,它们会模糊(而非揭示)马克思所研究的主题。

第八章 货币、信用和通货膨胀

通过批判性评述马克思对货币、信用和通货膨胀等理论的贡献，本章对前面所作的价值分析进行总结。本章分为四节：第一节简要评述马克思的货币和信用理论，包括货币的形式和功能；第二节解释货币和生产价格的关系，并且确立无价值纸币在马克思体系中的可能性；第三节批判性分析三种马克思主义通货膨胀理论，并指明它们如何能得到进一步发展；第四节总结。

第一节 劳动和货币

在《资本论》第一卷第一章，马克思由商品交换得出的货币，既不是对货币缘起的历史性解释，也不是从商品到货币概念的纯粹的逻辑推导（参见第一章第一节）。马克思的分析预设了（1）货币和交换是不可分割的，以及（2）前资本主义社会的交换是边缘性的，而货币在这些社会中也有礼仪性、惯常性的使用。① 货币

---

① 学者们分析了马克思的货币理论，例如 Arnon（1984），de Brunhoff（1976，1978b），Campbell（1997，1998），Fine and Lapavitsas（2000），Foley（1975，1983），Hilferding（1981），Itoh and Lapavitsas（1999），Lapavitsas（1994，2000a，2000c）以及 Lapavitsas and Saad-Filho（2000）。还可以（转下页注）

在历史上的出现源于商品拥有者之间的相互交流。① 因此，货币意味着最低程度上交换的规律性和复杂性，但它并未要求货物交换普遍化或大部分产品用于交换。

马克思对价值形式的分析以货币形式告终，它证明了货币有其本质：它垄断着交换的可能性，它成为一般等价物。简言之，货币能够交换任何商品，而商品一般而言不能相互交换。除此之外，马克思的分析意味着货币的功能来自货币的本质，而非新古典主义和后凯恩斯主义理论所说货币的本质来自货币的功能。

> 马克思处理货币的方式意味着"货币能做什么来自货币是什么"：由于货币垄断着交换的可能性，它还能衡量价值、促进交换、偿还债务等。由此来看，货币就其功能而言具有秩序性和内在的一致性，它绝非随机的。②

货币的社会和历史决定性（包括其本质和功能）意味着货币是一种社会关系，它来自商品生产者之间的表达方式。商品交换唯有在资本主义条件下才得到充分发展，因为资本主义条件下交换已经变得大化流行，而货币的礼仪性使用已经微不足道了。

马克思区分了作为货币的货币和作为资本的货币。③ 作为货币

(接上页注①)参见 Fine（1989, pp. 70 – 71）, Gleicher（1983, p. 100）, Ilyenkov（1982, pp. 189 – 196, 260 – 279）, Messori（1984）, Mollo（1999）, Reuten and Williams（1989, pp. 65, 84 – 89）, Rosdolsky（1977, part Ⅱ）, Rosenthal（1997, chs. 11, 15）, Saad – Filho（1993a）和 Weeks（1981, ch. 4）。

① 参见 Capital 1（p. 182）。
② 参见 Fine and Lapavitsas（2000, p. 370）。
③ 参见 Capital 1（pp. 247 – 257）, Capital 2（pp. 163 – 164）, Capital 3（pp. 576 – 577, 592）, Theories of Surplus Value 3（pp. 475, 490）, Contribution（pp. 304 – 309）, Bologna（1993c, pp. 8 – 9）, Fine（1985 – 86, p. 388, 1989, pp. 79 – 80）和 Likitkijsomboon（1995, p. 101）。

的货币是价值尺度和流通手段,它执行三个功能:支付手段、贮藏手段和国际货币。作为资本的货币是为生产或剩余价值的交换而预付的货币。作为资本的货币与作为货币的货币密切相关,因为货币的形式和功能是一样的,货币有可能同时执行两种功能。例如支付工资时,对工人而言的 C—M—C′和对资本家而言的 M—C—M′,二者是同一个东西。现在让我们简要地看一看货币的功能和形式。

在最抽象的层次上,货币在自身的与商品的 RSNLT 的对比中衡量商品的价值,并以单位标准价格表达这种价值。① 例如,如果货币单位(金的单位盎司②)的 RSNLT 是 30 分钟(0.5 小时社会必要劳动,$hSNL$),1 镑是其货币表现,价格标准是 $\Omega = £\ 1$。在这种情况下,劳动的货币等价物〔MEL(monetary equivalent of labour),m〕是:

$$m \equiv \frac{\Omega}{\lambda^g} = \frac{£\ 1}{0.5 hSNL} = £\ 2/hSNL \tag{8.1}$$

价值 m 意味着一小时抽象劳动创造 2 镑价值。由此可知,5 小时($\lambda^i = 5hSNL$)创造的商品 i 的价值是:

---

① "金的第一个职能是为商品世界提供表现价值的材料,或者说,是把商品价值表现为同名的量,使它们在质的方面相同,在量的方面可以比较。这样,金执行一般的价值尺度的职能,并且首先只是由于这个职能,金这个独特的等价商品才成为货币……货币作为价值尺度,是商品内在的价值尺度即劳动时间的必然表现形式。"(Capital 1,p. 188)还可以参见 pp. 184 – 196, 204 和 Grundrisse(p. 794)。de Brunhoff and Ewenczyk(1979, pp. 49 – 50)的论证是正确的:作为"价值尺度和价格标准,货币赋予商品以价格的形式;它用一定的货币商品(金)来表达商品价值;同时,它又把这些量与特定量的金的重量(即标准价格)联系起来。货币名称(即价格形式)同时表达了这两种功能。"
② 对金属货币便利性的解释,例如延展性、耐用性和价值密度高,参见 Contribution(pp. 290 – 291)和 Grundrisse(pp. 166, 174 – 186, 387);还可以参见 A. Smith(1991, I, ch. 4)。

$$p^i = m\lambda^i = £10 \tag{8.2}$$

价格的决定并不要求把每件商品与货币进行实际比较，作为价值尺度的货币是理想货币。① 本书第五章第三节已经证明了价格形式表达商品价值，并且它承认价值和价格的差异。在劳动价值论中，就货币、价值和价格之关系（尤其是马克思和李嘉图所理解的这种关系）的争论不可胜数（参见第二章第一节）。②

马克思和李嘉图式社会主义［尤其是格雷（John Gray）、布雷（John Bray）、达瑞蒙（Alfred Darimon）和蒲鲁东］所倡导的"劳动-货币"之间的争论同样有趣，但不那么广为人知。③ 这个争论表明正确地认识价值尺度的功能极为重要。

格雷为纸劳动-货币做了最好的论证。他提出货币改革源于这种信念：价值是由劳动本身所赋予的，因此，劳动应被当作价值尺度。他论证，出于两个原因，将有价值的商品（如金）当作货币存在问题。第一，格雷论证货币商品的供给，绝不能像其他商品的供给那样快速增长；因而，不可能卖掉所有产物，长期看生产会低于生产的潜能，失业和贫穷会因货币体系的影响而存在。④ 这个论证明显是错误的，因为格雷预设了流通速度总是一个，所有资本的生产周期是相同的，以及商品贮藏和信用是不可用的。第二，（这一点更有趣）李嘉图式社会主义者相信货币遮蔽

---

① 参见 Capital 1（pp. 189-190）。
② 参见 Fine（1986a），Mandel and Freeman（1984）和 Schwartz（1977）。
③ 详细评论参见 Saad-Filho（1993a）；相关细节参见 Bologna（1993a, b）和 Cartelier（1987）。
④ "货币……必须同其他一切可投入市场的商品那样相应地快速增长；如果做不到这一点，那么，由于人类大工业的运用而比货币本身生产得更快的每一种商品……其货币-价格都会被降低；从那一时刻起，政治经济学最伟大最重要的原则——生产决定需要——就被驱逐出我们的商业系统了。"（Gray 1848, p. 69）

了交换，并且允许工人受资本金剥削、债务人受债权人剥削。但是，如果工人得到劳动－货币的报酬，那么他们对社会生产的参与就是正确的，他们就能从那种生产中获得相等价值的商品。①

出于两个原因，在《经济学手稿（1857—1858 年）》和其他地方，马克思嘲讽劳动－货币这个观念。② 第一，如果为商品支付的"公正的价格"决定于生产它们所必需的具体劳动时间，那么经济就会一团糟，因为生产者会磨洋工以便用更长时间生产商品、使商品更有"价值"。这种荒唐举动源于这个隐含的预设：劳动的规范化是可以避免的，劳动的均质化可以简化为个别劳动时间和货币的同一性（参见第五章）。

第二，如果"公正的价格"以 RSNLT 为基础，不论它是如何被决定的，生产率的增长会降低 RSNLTs，并导致劳动－货币的增殖（通货紧缩）。这种不合理的结果会使受诅咒的债权人受益、减少投资并延缓技术进步。而且，

> 代表平均劳动时间的小时券决不会和实际劳动时间一致，也决不能和它兑换；也就是说，对象化在一个商品中的劳动时间，所能支配的决不是和它本身等量的劳动货币，反过来说也一样，而是较多或较少的劳动货币，正如现在市场价值的任何波动都表现为其金价格和银价格的提高或降低。③

这些困难源于格雷没有认识到商品生产中同步化和均质化的

---

① "采用了这里所描述的交换计划，每一种类的货物就都可以物物交换。卖纯粹就是把财产放至某处的行为，买纯粹就是把财产带回来的行为；而货币纯粹就是收据，人们在买卖期间必须拥有的收据。"（Gray 1831，p. 86）
② 参见 Capital 1（pp. 181，188），Contribution（pp. 320 - 323）和 Grundrisse（pp. 115，125，135 - 139，213）。
③ 参见 Grundrisse（p. 139）。

必要性。商品被出售后，货币是流通（交换）手段。① 在最抽象的程度上，在 C—M—C′ 即交换中，从最初的商品、货币商品到新购买的商品，商品拥有者始终拥有同样的价值。这个预设抓住了简单（等价）交换的本质。然而，金币的使用造成了金币的损耗（甚至鼓动人非法剪切金币），这意味着商品交换到的金币少于其表面的价值。这种背景下的持续交易表明流通货币不过是价值表现或价值符号。因此，货币符号（例如不可兑换的纸币）也可以像金一样发挥同样的功能。

在货币不断转手的过程中，单有货币的象征存在就够了。货币的职能存在可以说吞掉了它的物质存在。货币作为商品价格的转瞬即逝的客观反映，只是当做它自己的符号来执行职能，因此也能够由符号来代替。但是，货币符号本身需要得到客观的社会公认，而纸做的象征是靠强制流通得到这种公认的。②

现在，让我们看一看马克思是如何分析贮藏手段、支付手段

---

① 参见 Capital 1（pp. 211 - 212）和 Contribution（pp. 324 - 332）。既然无法确保任何某个商品的价值都能够被实现，"商品需要被出售"意味着未出售的可能性，意味着危机的可能性。（参见 Theories of Surplus Value 2，ch. 17，Bell and Cleaver 1982，Clarke 1994 and Perelman 1987）

② 参见 Capital 1（p. 226）。还可以参见 pp. 222 - 227，Capital 3（p. 649），Contribution（pp. 344 - 350），Grundrisse（pp. 209 - 213），de Brunhoff（1976，pp. 31 - 33）和 Lapavitsas（2000a）。更一般地说，"货币的各种新形式只能极为缓慢地出现，一开始的时候，这些新形式很少被看作现有形式的补充：它们更像'货币承诺'——使（真正的）货币得以流通的技术手段。但是，随着这种技术的传播，它的使用——最初时被看作以节约货币为目的——与真正的货币的使用越来越难以区分开。情况随之翻转，这种工具很快被当作货币。货币形式的体系有了进化，而货币的局限性不那么清晰了；一些工具既作为加速货币流通的手段，又作为充分发展的货币形式被加以分析"（Lévy - Garboua and Weymuller, in Lipietz 1985a，p. 90）。

和世界货品等功能的。

当货币被贮藏时,它起到价值贮藏的功能。由于个人的偏好和不确定性,贮藏通常被证明是正确的。虽然这些因素在贮藏中能起到重要作用,但有结构上的原因表明贮藏形成于资本主义生产中。[①] 最重要的原因在于:生产蕴含着常规性消耗,这种消耗与销售收入的积累无关。生产者也必须积累储备,以便满足不可预期的花费,维持并代替固定资本,扩大生产,支付股息,平抑价格波动等。这些储备通常存储在银行体系中,它们成了银行储备的基础。信用体系的发展减少了每个资本家的贮藏需求,因为资本家阶级的贮藏可以由借贷而来。[②] 银行贷款促进了长期大规模投资项目的实现。然而,它们也促进了思维活动,并且增加了这种可能性——局部混乱(库存积累、价格变化和技术创新等)会促发经济危机。

当货币付清了前面进行的交易时,它起到支付手段的功能。这对商业信用(它为所生产商品的销售提供资金)和银行信用(它为新的生产提供资金)尤为重要。

最后,货币在世界范围内起到世界货币的功能,它是价值的纯形式,是全球所认可的抽象劳动的结晶。国内通行的货币必须能被转化为世界货币,这样才能用国内商品交换国外货物,才能使国内劳动被纳入世界生产体系。

[①] 参见 *Capital* 3(pp. 432 – 437, 670, 701 – 708), Campbell(1998, pp. 137 – 138, 148 – 149), Uno(1980, p. 110), 尤其是 Itoh and Lapavitsas(1999, chs. 1 – 2)和 Lapavitsas(2000b)。

[②] "由此可见,正是信用促使每个生产领域不是按照这个领域的资本家自有资本的数额,而是按照他们生产的需要,去支配整个资本家阶级的资本,——而在竞争中单个资本对于别的资本来说是独立地出现的。"(*Theories of Surplus Value* 2, p. 211)还可以参见 p. 482, *Capital* 3(pp. 431 – 436, 566 – 571, 626 – 627, 637 – 640, 658, 741)和 Fine(1989, pp. 79 – 89)。

调整流通所需的货币量是个复杂过程，它包含了货币的所有功能在内。① 在一个简单商品货币系统中，前文已经证明货币商品的价值在价格的决定中起到关键作用（参见本章第二节）。然而，在更复杂的分析中，货币的数量和速度是价值的价格表达的重要决定因素。

在讨论金这种货币时，马克思拒绝货币数量理论（quantity theory of money，QTM），因为对他来说，流通货币量的变化是为了实现产品的价值。这些变化的发生主要是通过贮藏和抛售、金矿的产量、金银的国际流动和货币速度的变化实现的。例如，如果产量增加，那么，就要通过上述渠道为所增加产量的流通获得所必需的货币；反之，如果金的储备增加了（其他条件不变），那么，多余的金就应当被贮藏，抑或降低流通速度。与 QTM（和李嘉图）相比，在这两种情况下，价格保持不变。②

法定货币则有所不同，政府可以根据预算赤字或公开的市场手段发行任意数量的法定货币。马克思与 QTM 基本相同的看法是：如果增加的法定货币量被迫进入流通领域，它的交换价值就会永久性降低（通货膨胀，参见本章第三节）。虽然法定货币是合适的流通手段，但不适合像贮藏金那样贮藏法定货币，因为它的国内外交换价值是不稳定的。这种不稳定性源于法定货币的供给与资

---

① 接下来的段落参见的著作包括 Fine, Lapavitsas and Saad – Filho (2000) 和 Lapavitsas (2000a)。还可以参见 *Capital* 1（pp. 213 – 220），*Capital* 3（pp. 578 – 580, 663 – 664, 674），*Contribution*（pp. 338 – 342, 394 – 396），*Grundrisse*（pp. 813 – 814, 869 – 870），Campbell（1998, p. 145），D. Harvey（1999, p. 12）和 D. Lavoie（1986）。de Brunhoff（1971, 1978b）和 Lapavitsas and Saad – Filho (2000) 分析了货币供应。

② 参见 Ricardo（1951, ch. 27；1966）和 Schumpeter（1954, part Ⅱ, ch. 6 and part Ⅲ, ch. 6）。

本积累没有直接的关系。①

银行或政府发行的可兑换的货币,以及信用货币,也有所不同。可兑换的货币的价值围绕它所替代的金的价值波动,流通中自然而然产生短暂的差异。② 如果流通领域纸币泛滥,那么在这个系统中通货膨胀是有可能的;但是,这个过程是受限制的,因为套利的存在使得商品价格不可能永久性偏离它们的金价。无论如何,这绝不是个平缓的或纯粹的货币过程。正是通过交换的突然紊乱、经济衰退以及成熟的货币和经济危机(商品货币在这些情形中起着支付手段、贮藏手段等重要作用),金的价值变得与货币的交换价值相符合。③

最后,当代货币系统主要包含两种货币形式:由中央银行发行的不可兑换的纸币(偿还一切债务的法定货币),以及由商业银行生产的信用货币(私人金融机构的负债,包括存款和纸币,它对其他货币形式具有潜在的要求)。信用货币的数量和价值受贷款的预付和偿还(受生产和积累过程,或者说得更远些,受中央银行对金融体系运行的影响力)的间接规定。④

出于两个原因,信用货币的供求之间的临时差异是不可避免

---

① 参见 *Contribution* (pp. 352 – 356), Cottrell (1997) 和 Lapavitsas (2000a)。de Brunhoff (1976, pp. 35 – 37) 则主张马克思完全不认可 QTM。
② 马克思在这些地方分析了可以兑换的货币:*Capital* 1 (pp. 222 – 227), *Capital* 3 (p. 649), *Contribution* (pp. 402 – 403) 和 *Grundrisse* (p. 132);还可以参见 Foley (1975, 1983, 1998)。
③ 参见 *Capital* 3 (pp. 569, 572), de Brunhoff (1978a, pp. 44 – 45), Clarke (1994) 和 Lapavitsas and Saad – Filho (2000, pp. 324 – 326)。Itoh and Lapavitsas (1999, ch. 6) 确定了两种金融危机:由商业危机而来并不断恶化的金融危机,以及纯粹源于信用系统的活动的金融危机。
④ Lapavitsas and Saad – Filho (2000) 和 Mollo (1999) 表明,马克思的货币内生性概念要比 Minsky (1975, 1986) 和 Moore (1988) 勾勒出来的、名气更大的后凯恩斯主义的方式更开明。

的。第一，更一般地说，当分析变得更具体时，货币数量和速度的经验性决定因素会减弱。它们依赖于社会传统，包括财产关系、金融原则和规定、金融体系的结构及其与生产的关系、国际关系、资本集中的程度以及其他使"供"和"求"的决定更加困难的因素。第二，更具体地说，即便信用货币的供给必然与单个的需求相关（信用货币总是对应某个借贷申请而被创造出来的），但是，它的总供给量也许不能反映整个社会经济的需要。这种情况是显而易见的：有时候投资性借贷有助于真实资产或债券市场泡沫的膨胀，有时候银行会糊里糊涂地资助不盈利货物或难销售货物的生产。伴随金融资产的价格增长而乐观氛围滋长的时候，过量供给尤其有可能发生；过量的供给又反哺乐观的滋长。换句话说，由投机或过度积累而来的过量信用有可能导致价格上升，但是，除了政府干预外（参见本章第三节），过度信用这一过程还受到金融不稳定性和可能存在的危机的限制。①

对货币交换价值之决定因素的这些思考并不意味着劳动的货币等价物（MEL）这种提法是错误的，如等式（8.1）所示。然而，对 MEL 的关注容易混淆抽象的各个层次及其矛盾因素，在这种情况下，金融不稳定性和危机的可能性必然在下一个阶段得到强化（参见第二章第二节）。

第二节　货币和生产价格

价值转化为生产价格（参见第七章）所具有的重要意义，不

---

① 参见 *Capital* 3（pp. 418, 653 – 676, 685, 738），Fine（1985 – 86），Guttman（1994, ch. 5），D. Harvey（1999, pp. 292 – 293），Lianos（1987, pp. 42, 53 n. 9）和 Mandel（1968, pp. 254 – 259）。

第八章 货币、信用和通货膨胀

仅体现在马克思对劳动的社会形式的分析上,还体现在他的货币理论上。当代居主导地位的不可兑换的纸币对马克思理论中的一个方面提出了挑战:如果货币不具有内在价值,那么就无法直接弄清楚商品价值是如何被测量并被表达为价格的。[1] 这种潜在的限度具有重要启示,因为对当代问题——信用货币供给、通货膨胀以及交换率的决定因素等——的分析,依赖于对无价值纸币的令人满意的解释。

一些学者拒不处理这个问题,要么他们把不可兑换的纸币看作假象,看作暂时的偏离[2],要么他们假定货币绝不是商品,相反,货币总是由政府制造出来的。[3] 然而,后者无法解释无价值货币如何能测量价值。这一部分要扩展马克思对价值形式的分析,表明价值形式与不可兑换的纸币完全契合。受这个目标的限制,这一部分并不回顾贵金属流通抑或当代货币体系结构的历史进程。[4]

对无价值货币的解释从等价交换开始。在最抽象的层次上

---

[1] 马克思充分意识到货币的无价值形式,包括约翰·劳 (John Law) 的体系和法国大革命期间的"指券"。因此,他并未预设商品货币必定存在,抑或在某种程度上商品货币是资本主义的必要特征。他直言不讳地说,"货币可以是粪土,虽然粪土并不是货币"(*Capital* 1, p. 204)。然而,马克思并未解释无价值的货币是如何测量价值的。

[2] "货币必然是一种商品,这种情况决不是真的,它建立在马克思在《经济学手稿(1857—1858年)》中提出的强力的理论基础上……如果一个人承认撇开抽象劳动这一标准也能测量商品的价值,那么这个人必然也承认商品的价值并不决定于抽象劳动所表达的商品的内容……马克思主义作家不应该让自己受这种浅显的归纳程序——由货币 - 商品并非直接可见的得出货币 - 商品并不存在——的误导"(Germer 1997, pp. 94, 99, 102)。还可以参见 Germer (1999, p. 2), D. Harvey (1999, p. 245 n. 6), D. Lavoie (1983, p. 55, 1986, p. 155), Loranger (1982b, p. 495) 和 Rosdolsky (1977, pp. 83, 139)。

[3] 参见 de Vroey (1985, pp. 45 - 46), Mattick (1978), Reuten and Williams (1989, p. 65) 和 Williams (1998, 2000)。

[4] 参见 Saad - Filho (1996b, 1997a)。

(参见本章第一节)，等价交换（C—C'）包括同样社会必要劳动时间下的再生产（RSNLTs）所生产的商品。以货币为中介的交换（C—M—C'）改变了等价交换的意义，以为商品拥有者不必始终拥有同样的价值，即便用黄金货币也是如此（因为金会有磨损）。更一般地说，以可兑换的纸币为中介的交换表明，交换中至关重要之处不在于货币的内在价值，而在于其交换价值（在忽略价格波动的情况下）。

随着价值转化为生产价格，等价交换的概念再次发生变化。转化后，等价交换不再包括同等的社会必要劳动时间下的再生产（RSNLT）所生产出来的商品。相反，它包含的是能生产相同利润率的商品。① 出于同样的理由，等式（8.1）和等式（8.2）在一般意义上不再成立，MEL 只有在知道了商品价格之后（而非之前）才能被确定，而且它不是对每件商品而言的，它是对商品整体而言的。商品价格并不决定于商品价值和货币商品价值的一对一的关系。相反，它们同时决定于预付资本的增殖率（参见第二章第一节和第五章第三节）：

$$p = (pA + wl)(1 + r) \quad (8.3)$$

这个等式反映了马克思的观点："从长期来看生产价格是供给的条件，是每个特殊生产部门商品再生产的条件。"②

由转化而来的价格形式的变化意味着任何单个的商品都不能履行价值尺度的职能。在分析的这个阶段，价值的测量就是在持续的相对价格体系中，判定预付资本的增长率，确立相对复杂意

---

① 劳动力以及其他不以利润为目的生产出来的商品除外。参见第二章第二节和第四章第二节。
② 参见 *Capital* 3（p. 300）。

义上的等价交换。换句话说，货币商品不再像以前（当绝对价格在相对价格之前就已经从逻辑上被决定了时）那样独立地测量其他商品和生产过程的价值。

转化之后，金的价值及其价值构成和生产周期等之所以有关联，就是为了决定价格的水平（现在，绝对价格在相对价格之后才能从逻辑上被决定）。情况就是如此，因为在这种分析层次上，价值的衡量标准不再是货币商品，而是与相对价格系统挂钩的一般利润率。等式（8.3）表明生产价格决定于当前投入之物的生产价格，在这种标记中，每个资本都在影响平均利润率（平均利润率受总剩余价值的限制，参见第四章第一节）。① 在分析的这个阶段，黄金货币有可能被废除，它不必再瞄准经济的稳定性或我们理解经济稳定性的能力。

一旦金从流通中退出，绝对价格可以维持在当前水平（当政府颁布货币不能再兑换金的法令时通常如此），抑或变成任意水平（如果进行了货币改革）。发达资本主义的货币是价值衡量标准（一般利润率）和交换媒介（它有可能采取金、铜以及纸等任何形式）的复杂统一体，并且履行本章第一节确定的那些功能。即便在黄金货币体系下，上述分析也能表明资本主义条件下金并不是唯一的价值衡量标准，也不是充分的流通工具。然而，随着理论的发展，商品货币的作用变得不可或缺。

第三节　信用、货币和通货膨胀

对货币、信用和危机的分析可以朝几个方向发展，以便说明

---

① 在更具体的分析层次上，包括不同的周转时间在内，货币的交换价值受经济中旧价值和新价值关系的影响，受各个部门技术变革率的影响。

许多当代现象。通过批判性评述信用货币动力学中分别强调冲突、垄断力量和政府干预的三种通货膨胀理论,这一部分将阐明这些方式潜在的用途。① 这样做的重要性体现在三个方面。第一,通货膨胀提出了有趣的理论挑战。② 主流分析通常受 QTM 的启发,它们的立论基础包括完美的价值、充分的就业和静态平衡中的无成本调节,这些基础太弱了,无法令人接受。与之相比,马克思主义(以及其他政治经济学)的贡献虽然尚未充分发展,但确实更有前景。第二,对通货膨胀之认识的进展,很容易就延伸到对通货紧缩的研究上,现在这两者都很重要。③ 第三,通货膨胀和传统的反通货膨胀政策通常具有很高的经济和社会代价。它们经常导致高失业、低工资、高剥削率,改变了收入分配和各种社会力量在资本(尤其是金融利益)上的平衡。为了直面通货膨胀和传统上反通货膨胀政策的各种结果,做出另一种分析的重要性不言而喻。

试图发展马克思对通货膨胀的分析时遇到两个难题。第一,通货膨胀是个高度复杂的过程,它蕴含着一系列抽象程度不尽相同的决定因素,包括生产、货币供给、收益率、商业和金融结构、外部冲击、分配冲突以及其他许多变量。在一个中肯的理论中把这些影响因素安排得井井有条,是非常困难的。第二,尤为困难的是,利用斯图亚特(James Steuart)、图克(Thomas Tooke)、马克思、卡莱斯基(Michal Kalecki)和诸多后凯恩斯主义学者的反

---

① 这部分参见 Saad - Filho (2000a);还可以参见 Howard and King (1991, ch. 16)。
② 简单起见,通货膨胀被定义为随相对价格的变化而来的价格水平的持续提高。出于许多理由,这个定义并不充分,其中一个理由就是它忽略了"隐蔽的"通货膨胀(当货物质量不变,而技术进步并未降低价格时)。
③ 参见 Moseley (1999)。

数量理论传统，无法解释不可兑换的货币系统中的剥削。简单地说，发展一种通货膨胀理论的同时，既坚守这种主张——生产的需要以及贸易要求货币进入流通（内生性问题），又承认货币有可能影响"真正的"变量（非中立性问题），这简直太难了。当这种尝试包含了政府和商业银行发行的各种货币形式，而每种货币形式与资本积累都有一种特殊关系时，它会变得更加复杂。尽管有这些困难，这一部分表明勾勒出通货膨胀的一般条件还是有可能的。

（一）冲突性通货膨胀

包括许多马克思主义经济学家、大多数后凯恩斯主义经济学家和新结构主义经济学家在内，信仰不尽相同的非主流经济学家们论证，分配冲突通常是通货膨胀最重要的原因（这种方式吸引了一些马克思主义者，因为它显然验证了阶级斗争观念的合理性）。[1]

对冲突的分析受 20 世纪 50~70 年代尤为流行的成本膨胀理论的启发。这些分析从均衡出发，并假定货币供给完全是内生的，财政和货币政策是被动的，以及关键人物（尤其指垄断资本家和加入工会的工人）具有市场力量、能在很大程度上不依赖市场需求而制定自己的货物或服务的价格。通货膨胀产生了，为了保证金融稳定性和生产的持续性，中央银行通过货币政策的融通抑或

---

[1] Burdekin and Burkett (1996) 和 Dalziel (1990) 对冲突理论做了概述。还可以参见 Armstrong, Glyn and Harrison (1991), Boddy and Crotty (1975, 1976), Cleaver (1989), P. Devine (1974, 2000), Glyn and Sutcliffe (1972), Gordon (1981), Green and Sutcliffe (1987), Jacobi et al. (1975), M. Lavoie (1992, ch. 7), Marglin and Schor (1990), Morris (1973), Palley (1996), Rosenberg and Weisskopf (1981), Rowthorn (1980, chs. 5 - 6), Sawyer (1989, pp. 359 - 372) 和 Weintraub (1981)。相关批判，参见 de Brunhoff (1982), Fine and Murfin (1984, ch. 7), Kotz (1987), Weeks (1979) 和 Wright (1977)。很明显，通货膨胀能催生分配的冲突，但这里先不考虑这一点。

对金融系统的支持，认可了对国民收入的占有中不兼容的要求。①通常，通货膨胀率是价格和工资变化的频率以及产能利用率这二者的共同主张中的积极功能，也是生产增长率的消极功能（通过把收入水平、收入预期等目标和由失业对预期工资造成的限制结合在一起，生产增长率的基本模式可以不断地得到改进）。

　　冲突方式最重要的缺陷是：它没有清晰的内部结构。这种方式可以与价值、生产、雇佣、需求、收入和分配等大不相同的理论相契合，也可以与预期收入水平的不同的决定原则相契合。有时候，不同阶级被看作合作者，在这种情况下，通过收入政策的协商，就可以相对容易地获得经济的稳定性。其他一些时候，必须使用剥削理论；在这种情况下，唯有通过暴力使工人屈服才能获得经济的稳定性。这种灵活性使对冲突的分析能吸引到广泛的受众；然而，它容易受到任意性和缺乏分析严谨性的指控。尤其是，通货膨胀通常始于一种使经济背离帕累托最优均衡的错位。"推卸责任"是存在的，其他经济政策通常由它们能否使经济复归于最初的均衡来评价。那种均衡最初是如何得到的以及为何值得回到那种均衡，诸如此类的问题，并未得到解释。再者，第二章第二节和第四章第一节已经证明了资本家和工人在分有国民产值时并非直面对方，因为（1）工资是预付的而利润是剩余的，（2）分歧通常在于分有多少而不在于是否分有。

　　唯有通过冲突方法和更广博的经济理论之间的有机关系，诸如此类的不确定性才能被消除。不幸的是，许多这种联系是可能

---

① "当失业降低到对资本家剥削工人阶级构成威胁时……通货膨胀在一定时间内……作为维持资本主义剥削的力量而代替了产业后备军。实际上，工人阶级对通货膨胀代替失业的反应，有助于通货膨胀率的快速积累。"（Morris 1973, p. 6）

的，但没有一个是必要的。换句话说，冲突理论正如它们通常表现出来的，是典型的"中度理论"。[①] 它们从一系列格式化的经验观察开始，例如，主体可以说自己通过出售自身货物而占有国民产值，并把这些观察转化为能够用来解释这些格式化的事实——例如分配冲突会导致通货膨胀——的结构。这种方式把原因和结果混淆在一起，因为它预设了既然通货膨胀会影响分配，那么收入上的分歧引发了通货膨胀的过程。这种分析并不可靠，因为它的基础并没有一个能够支撑其基本概念和结论的更广泛的结构。缺少一种生产理论，这意味着政府的作用和政策没有足够的基础，它们通常源于更进一步的格式化事实。因此，经济政策的根本原因和力量还没有得到解释，它们在很大程度上依赖于分析者的偏好。

虽然有这些重要的限制因素，冲突的方式仍具有现在的关联性。分配的冲突必定是任何通货膨胀理论的一部分，因为缺少了对国民收入水平和国民收入分配的不满意，通货膨胀不可能持续存在。

(二) 垄断资本、消费不足和通货膨胀

许多马克思主义者论证，通货膨胀与大公司日益增长的市场力量相关、与消费不足相关，垄断资本学派的主张最为清晰。[②] 这

---

① 参见 Fine and Leopold (1993)。
② 最经典的例子是 Baran and Sweezy (1966)；还可以参见 Best (1972), Bryan (1985), Dollars and Sense (1978), Dowd (1976), Gamble and Walton (1976), Morris (1972), Sherman (1972, 1976a, b), Spero (1969), Sweezy and Magdoff (1979, 1983, drawing on Steindl 1952), Szymanski (1984) 和 Zarifian (1975)。相关批评请参见 Aglietta (1979, pp. 26 – 28), Semmler (1982), Weeks (1982b) 和 Wright (1977)。Clarke (1988) 剖析了"凯恩斯式政府"，而 Bleaney (1976) 批判性审视了消费不足理论。

种方法论证垄断资本是最有活力的公司,是最大的投资者、雇主、生产者和出口商。为了让经济增长最大化,政府通过购买、廉价基础设施、减税、科研和发展补助等方式,支持垄断。更广泛地说,政府在公务人员薪资、消费和公共投资、健康基金、教育和国防上花费巨资,这些钱很大一部分转化成与社会安全相关的费用。通过直接购买和间接转化到消费者上,这些花费支撑着垄断。尤其在20世纪40年代晚期到60年代晚期,政府颁布的干涉主义的福利政策造就了经济空前的稳定性、高就业率和高增速。然而,它们也带来了持续的预算赤字、公共债务的增长和通货膨胀的悄然发生。总而言之,通货膨胀是干涉主义经济政策的结果,这种政策试图在受垄断力量和价格测量制约的经济中,确保充分的就业和社会的稳定性。[1]

这些洞见固然重要,但这种方法在理论上很脆弱。它缺少关于垄断力量或定价的理论,更没有对希法亭(Rudolf Hilferding)提出的观念进行审视校勘(对希法亭来说,垄断资本迫使定价高于生产价格以便获取额外利润)。[2] 垄断资本对资本循环和收入分配的影响还未得到解释,社会需求、其他限制因素和相反趋势在资本集中和集权时起到的作用几乎完全被忽略了。

政府理论也不清晰,具有潜在矛盾。一方面,政府相对自主地管理经济,以便保障整个资本的再生产,这就要求资本各个部分的利益和工人的利益达成和解,而只有在民主下才有可能达到

---

[1] 对 Morris(1972, pp. 18-19)来说,通货膨胀的提高源于"毫无活力的垄断资本系统通过货币和注射财政药物做出的无休止的经济刺激"。
[2] 参见 Hilferding(1981, ch. 15),Kalecki(1990c)和 Sawyer(1985, ch. 2);马克思主义者对此做出的批判,参见 Fine and Murfin(1984)。Bleaney(1976, pp. 225-226)的论证是正确的:"就现代性消费不足理论写作时有一个严重问题,即它们的影响看起来远远超过它们的理论阐释。"

这一点。另一方面，政府是垄断（强力）利益的工具，政府政策受到垄断利益是否同意的限制，在这种情况下，资本主义就有可能选择法西斯主义。最后，对于把垄断力量、政府政策和通货膨胀贯穿起来的那种联系，几乎也未得到解释。除了这种预设——货币供给是在主动回应垄断的需求或政府的需求以及金融的发展是助力因素之外，我们并没有一种清晰的货币、信用或金融理论。我们仍不清楚为什么这会导致通货膨胀。① 一般来说，通货膨胀的原因在垄断决定定价和政府主导的过量需求（这是政府试图避免消费不足而带来的矛盾结果）之间变换。② 除了论证垄断收益的代价在于工人和其他集团获得名义上的固定收益以外，通货膨胀对分配的影响也未得到分析。我们尚不清楚这与工资理论、剥削理论是如何联系起来的。③

（三）超发货币的通货膨胀

20 世纪 70 年代中期勾勒出另一种分析，在这种分析中：通货膨胀是商品价格和价值永恒增长的结果，它源于货币供给和货币的社会需求之间的差异。④

---

① 参见 Mandel（1968，p. 527）和 Sweezy（1974）。Sweezy 认为 Baran（1973）确定了凯恩斯主义经济学中通货膨胀的危险性：长期看政府赤字融资不具有持续性，因为政府的大部分预算花在了非生产性支出上（例如军费开支）。这些开支具有潜在的通货膨胀性，因为它们提高了货币和商品的比值（参见下文）。
② 参见 Sherman（1972）；相关批判参见 Weisskopf（1985）。Sweezy 和 Magdoff（1979，p. 9）再三主张"垄断资本也许不是价格上涨的直接原因，但绝对是价格上涨之所以发生的必要条件……即便垄断不是发动机，毫无疑问，它也是迄今十年的通货膨胀以及之前价格螺旋上升的必要条件"。
③ 由于使用经济剩余的概念而未使用剩余价值的概念，垄断资本学派受到大多数马克思主义者的激烈抨击。参见第二章第一节和 Weeks（1977，1982b）。
④ 参见 Aglietta（1979），Boyer（1986，ch. 10），de Brunhoff（1978a, pp. 45 - 48），de Brunhoff and Cartelier（1974），Ergas and Fishman（1975），Fine（转下页注）

该分析从资本流通开始。当资本家利用之前积累的资金或者重新创立的信用货币借款以便为生产筹资的时候，生产循环就开始了。将这些资金注入经济中，这提高了流通货币和产出价值的比率。如果更多的产品被生产出来并且被销售出去、额外的收入被创造出来，那么，货币和价值关系中最初的变化就不会发生。然而，如果产品不能以生产价格出售，那么两种方式可以弥补公司受到的损失。一种方式是，如果"市场原则"受尊重，那么一组定义明确的主体——通常是公司或银行——会承受这些损失。这种解决方式并不稳定，因为它有可能导致失业、产能利用不足、工作环境恶化和金融脆弱。

另一种方式是损失的社会化，即债务得到融资或公司收到政府补贴（其极端方式是损失由国家承担、由公共资金"重组"）。无论哪种方式，都注入了一种购买力，以便使流通货币和产出之物之间最初的差异永远存在，换句话说，始终不断地增加与劳动等价的货币。违背"市场原则"为经济注入的货币就是超发货币。[1] 超发货币之所以被创造出来，还可能是因为中央银行对金融机构的支持，是因为投机目的而合作、动用家庭储蓄或借债。[2] 不考虑产品的不变价值，不顾当今或过去存在的均衡，超发货币增加了非金融部门名义上的收入或流动财富。如果超发货币引起了数量上的回应，之前价值和货币的关系有可能得到恢复；否则，

（接上页注④）（1980, ch. 4），Lipietz（1985a），Loranger（1982a, 1989），Mandel（1975, ch. 13），Mattick（1978），Orléan（1982），Reuten and Williams（1989, pp. 84 - 87, 95 - 98, 148 - 156），de Vroey（1984）和 Weeks（1981, pp. 145 - 148）。Toporowski（2000）也勾勒出类似的路径，他强调资本市场的作用。更完整的分析，参见 Saad - Filho（2000a）。许多后凯恩斯主义学者（例如 Moore 1988）论证如果货币供给是内生性的，就不会有过量的货币供给。相反的论证，参见 Hilferding（1981, ch. 5）和 Lapavitsas and Saad - Filho（2000）。

[1] 参见 de Vroey（1984）。
[2] 类似的论证，参见 Kalecki（1997）和 Sawyer（1985, ch. 6）。

劳动的货币表达就会升高：这就是超发货币的通货膨胀。

货币政策上的态度有可能促进超发货币的通货膨胀，但是这种态度不应该受"指责"，即便这种超发是由个人决定（而非受政府控制——包括银行贷款）所进行的例行的、必要的创造。再者，即便超发货币是由政府制造的，也不可能提前知道它对数量或价格的影响（影响肯定存在，但必然不精确）。在适当的时候，流通货币的数量和需求之间的差异，会由于产品、流通速度或贮藏的变化而被消除。这种调整需要时间，它们还有可能因为对价格、交换率、收支平衡和收益率的影响而造成额外的不稳定性。如果这些货币差异持续存在，它们有可能导致持续的通货膨胀、严重的收支不平衡并使经济停滞延长，这些都表明了货币的非中立性及其对积累过程的潜在影响。

长期的通货膨胀可能源于政府试图让经济持续增长，抑或源于增长衰退时对通货紧缩的规避。更一般地说，在上升阶段，超发货币主要是由受中央银行支持的单个部门提供的，以便为消费和新投资提供资金。因此，增长必然在已确立的价值和货币关系上打开一个缺口，而且它总是具有潜在的通货膨胀性（这取决于供给和相应的进口）。随着经济的增长，经济失调和瓶颈不可避免地得到发展，金融结构变得日趋脆弱，除非廉价进口物已经就绪，否则价格（以及工资）就要有上升的趋向。在这个阶段，由于收支平衡的限制抑或采纳了相矛盾的政策，危机自然地爆发了。如果危机变得尖锐、通货紧缩迫在眉睫，那么，政府通常会介入并且审慎地注入超发货币。①

---

① 这种观点与 Minsky（1986）的观点相似，这是在强化 de Vroey（1984）的论证——超发货币与后凯恩斯主义的分析具有潜在的契合性。

虽然表面相似，但是，超发货币的通货膨胀理论无法与QTM理论相契合。数量理论有如下预设：货币供应是外源性的，货币只是交换的媒介，以及从超发货币的视角看，不用于贮藏的货币是无法被接受的。

第一，这种方式论证了超发货币是在中央银行、商业银行和公司的交互作用中，常规地、自发地创造出来的，而且政府不能控制甚至无法精确地知道其超发货币的数量。与之相比，数量理论预设了银行体系总是满额贷款，以及中央银行可以自由地直接（通过政府财政赤字的货币化或购买政府债券）或间接（通过强制性银行准备金的变化，这无疑会带来未偿还贷款存量的变化）决定货币的供给，而货币供给变化的其他原因常常被忽略。QTM也常常忽略了这种可能性——贮藏、还贷和补偿的变化有可能抵消由中央银行引发的那些变化。

第二，从短期和长期看，超发货币是非中立性的。它可能对国民生产的水平和构成以及需求的结构带来不可逆转的变化，这依赖于它是如何被创造出来的，以及它是如何流通的。与之相比，QTM预设了长期极端情况下，乃至以短期来看，货币是中立的。

第三，超发货币（无论其数量、价格还是二者兼而有之）的影响是不可预测的。人们能说的只不过是高产能利用率和积极的政府政策增加了超发货币的通货膨胀的可能性，但是，它们之间的关系绝不简单。与之相比，对QTM来说，货币供应和通货膨胀的关系通常是直白的。由于有完善的竞争、充分的就业以及货币中立性等潜在的预设，（由中央银行发行的、由商业银行自主传播的）货币供给的变化毫无疑问会引出价格水平不可预期的变化。

超发货币的方式能为这种通货膨胀理论——将劳动价值论的主要主张和其他马克思主义者关于通货膨胀的卓有价值的洞见融

为一炉——提供基础。然而，这种方式的关键点仍有待发展，而且它也有一些不足和模糊亟须加以阐释。例如，对中央银行和信用货币供给的分析通常过于简单，直面最近后凯恩斯主义的发展①、迂回的贡献②和卡莱斯基的著作③，能在这方面受益良多。从更具体的分析层面来说，明斯基（Marvin Minsky）对现代资本主义金融不稳定性的贡献，需要得到更详细的评价，需要融入分析之中。④

除此之外，为了让超额货币的方式在结构和范畴上与马克思价值理论完全契合，要做的工作还有许多。例如，货币供给与劳动的货币表达之间的关系仍旧是不清晰的，超额货币方式通常在不同层次的分析之间任意改变、让竞争的地位模糊不清。最后，还需要做许多工作，才能把由超额货币引起的价格上升和由其他类型的货币供应的增加引起的价格上升区别开来。这有助于澄清超额货币的方式和货币数量理论之间残存的模糊性，尤其是有助于澄清过量的需求在触发通货膨胀中的作用。

系统地阐发这些问题，有助于把其他重要现象（例如金融的发展，从金融和资本对自由化的阐释）纳入分析中。它还使得对一些具体问题（例如公共债务积压对通货膨胀的潜在影响）的分析成为可能，而这些问题有可能与经济中注入超额货币具有同样的意义。⑤

---

① 相关的大量文献，参见 Arestis and Howells（1996），Cottrell（1994）和 Dow（1996）；相关的批评，参见 Lapavitsas and Saad‐Filho（2000）。
② 参见 Loranger（1982b）和 Nell and Deleplace（1996）。
③ 参见 Kalecki（1990a，1990b，1997）和 Messori（1991）。
④ 参见 Minsky（1975，1986），Dymski and Pollin（1994）和 Mollo（1999）。
⑤ 参见 Grou（1977），Marazzi（1977）和 Mattick（1978）。它在巴西经济中的使用，参见 Saad‐Filho and Mollo（forthcoming）和 Saad‐Filho and Morais（2000）。

第四节 结论

马克思的货币理论常常受到注经般的审视，仿佛它已经得到了充分发展，仿佛其重要性不过是源于它继承了《资本论》第一卷第一章中的价值形式。这种观点很贫乏。本章已经表明，通过某些重要方式，例如对不可兑换的货币和通货膨胀的解释，马克思的理论可以得到发展。对不可兑换的货币的解释很重要，因为它表明了马克思方法的内在一致性，它与现代资本主义的诸多事实并不冲突。对通货膨胀的解释是当代的重要问题，只有依靠政治才能创造性地、持续地处理它，而且它证明了马克思方式的活力。

本章证明，价值向生产价格的转化改变了货币作为价值尺度的功能，改变了劳动的均质化。它不影响货币的其他功能，不影响劳动的规范化和同步化。最后本章还证明，通货膨胀理论也应该关注这些概念。通货膨胀是个宏观经济过程，它影响着作为价格的价值的表达，影响着总产出和货币的关系。

对通货膨胀的分析可以得到进一步发展，但是，通货膨胀政策的某些结果已经很清楚了。第一，通货膨胀可以有一定的功能，但是，伴随着通货膨胀的加剧，其功能失衡的方面逐渐居于主导地位。尤其是，当低效资本和生产过程得以保留而非在"市场"的作用下消亡的时候，经济的微积分就变得越来越复杂、资本重组变得更加困难。第二，伴随着越来越不稳定的债务结构，通货膨胀的不断积累导致金融危机的发生。通过提高超额货币的供给，危机有可能被推迟，但是，这会导致恶性通货膨胀。第三，有可能存在纯粹出于货币原因而来的通货膨胀，这种通货膨胀通常与房子、证券交易和其他资产带来的投机泡沫有关。由于抽干了资金，它会对真正的积累造成伤害。第四，不论银行、垄断资本或工人有多大力量，永久性通货膨胀并非不可避免。然而，金融的恶化、资本的集中、贸易流动的降低以及工人的好斗性，使得经济很脆弱，容易滑向通货膨胀。一旦滑向通货膨胀，这一进程则很难被逆转。

结　语

本书分析了马克思价值理论中劳动、价值、货币和价格之间的关系。这些范畴在资本主义社会关系中的存在模式具有历史确定性，而对它们的分析通常是从总体上或从阶级层次上（而不是从新古典主义经济学所钟爱的个人层次上）进行的。本书得出了四条重要结论。

第一，在马克思对资本主义劳动和剥削的分析中，抽象劳动、价值和价格是本质性要素。虽然它们很重要，但是不论在马克思主义学术研究的范围之内还是范围之外，对它们的意义、重要性和相互关系都有很多争论。本书勾勒出的对马克思价值理论的解读，避免了文献中随处可见的对不一致性的指控，并为进一步研究提供了线索。

第二，资本主义生产必然蕴含生产和分配的社会冲突。这些冲突是不可避免的，因为它们源于定义着这种社会系统的生产关系。资本主义社会的分配冲突与其他阶级社会的分配冲突很像，因为它们都存在这个问题：在各种相竞争的主张中，究竟如何才能做到既分配了蛋糕（国民生产），又维持着系统的稳定性？与之相比，生产的冲突源于阶级关系，正是阶级关系把资本主义与其他生产模式区分开来。它们源于如下争论：在何种条件下进行了多少雇佣劳动？它们的结果对分配冲突有限制作用。

结 语

第三，跨部门竞争倾向于驱散个人利润率，因为利润更多的资本有能力长期大规模投资，从一系列生产技术中择优使用并雇佣最好的工人，这一切又强化了它们的初始优势。① 两相比较，部门内部竞争导致了利润率的趋同化，因为资本迁移造成了社会生产潜力的再分配，提高了高利润部门的供给能力，因而降低了超额利润。在这两个过程中，金融体系起了重要作用。马克思对资本积累的矛盾动力学分析并不导向静态结果，也不导向利润率均衡或资本持续不断地集中。这些过程相当平顺，它们通常产生不稳定性，并引发能引起贫穷并破坏生计的经济危机。危机和失业表明资本主义不仅具有很强的生产能力，而且是历史上最具有系统破坏性的生产模式。

第四，更一般地说，资本主义经济是不稳定的，因为竞争环境下榨取、实现和积累剩余价值的各种力量相互冲突。这种不稳定性是结构性的，即便最好的经济政策也不能完全规避它。竞争迫使每一个资本竭力提升劳动生产率。这通常蕴含着能提高机械化程度的技术变革，蕴含着公司内外劳动过程的整合，蕴含着潜在的生产规模。因而，竞争促使资本主义生产社会化：

> 生产丧失自己的私有性质并成为社会过程……因为生产资料现在是作为共同的生产资料被使用，因而不是由于存在单个人的所有权，而是由于它们同生产发生的关系，即作为社会的生产资料被使用；各种劳动现在同样也是以社会规模来完成。②

---

① 重要的相反趋势包括：技术创新在有竞争关系的不同公司传播，小资本在发明和实验中具有摧毁已有技术的潜在能力，以及国外竞争。

② 参见 *Theories of Surplus Value* 3 (p. 447)。

生产社会化不是一个平滑的过程。它与大规模资本投资，信用关系和投机的发展，技术水准降低，劳动市场变化，结构性失业，破产以及危机等相连。这些过程浪费极大。它们曾引出了工场的抵制和政治的冲突，并且为社会变革和反抗资本主义提供了强力刺激。

但是，这还不是全部。资本主义一直变化着，马克思论证这种生产模式因其社会的和经济的矛盾，而日益趋向不稳定。其本质在于竞争破坏了资本主义生产的根基：

> 资本……采用技艺和科学的一切手段，来增加群众的剩余劳动时间……于是，资本就违背自己的意志，成了为社会可以自由支配的时间创造条件的工具，使整个社会的劳动时间缩减到不断下降的最低限度，从而为全体［社会成员］本身的发展腾出时间。但是，资本的趋势始终是：一方面创造可以自由支配的时间，另一方面把这些可以自由支配的时间变为剩余劳动。如果它在第一个方面太成功了，那么，它就要吃到生产过剩的苦头，这时必要劳动就会中断，因为资本无法实现剩余劳动。这个矛盾越发展，下述情况就越明显：生产力的增长再也不能被占有他人的剩余劳动所束缚了，工人群众自己应当占有自己的剩余劳动……以劳动时间作为财富的尺度，这表明财富本身是建立在贫困的基础上的，而可以自由支配的时间只是在同剩余劳动时间的对立中并且是由于这种对立而存在的，或者说，个人的全部时间都成为劳动时间，从而使个人降到仅仅是工人的地位，使他从属于劳动。因此，最发达的机器体系现在迫使工人比野蛮人劳动的时间还要长，或者比他自己过去用最简单、最粗笨的工具时劳动

结　语

的时间还要长。①

　　此处的大段引文强调居于资本主义积累核心处的两个重要矛盾。第一，如前文已经证明的，竞争意味着劳动生产率上升的趋势，意味着资本技术构成和有机构成的提高。如果用相同的劳动投入能生产出更多产品，虽然减少了劳动时间，但生活标准会有所提升。例如，从19世纪中叶起，在世界上最富裕的国家，重要类别的工人的工作时间有了实质性减少。虽然如此，生活标准有了极大提高。然而，工作时间减少通常无法与技术进步保持同步，因为资本家抵制一切会降低剥削率的措施。经验证明，缩短劳动时间的成功尝试依赖于工人阶级的力量和政治影响力，技术状态在这方面的影响虽然重要但是第二性的。劳动时间缩短的重要性不仅仅是对工人而言的。如果技术提高了但劳动时间没降低，那么经济就更容易出现生产过剩的危机。一方面，单个资本家的兴趣是延长劳动时间，以便榨取绝对剩余价值；另一方面，资本家们的共同兴趣是必要时减少劳动时间，以便用高水平的就业保持经济（和政治）的稳定性。这二者的矛盾使得最大剥削率和高速增长不可能长期共存。

　　第二，这一点从长期看很重要，提高劳动生产率降低了生产使用价值时活劳动的重要性，进而降低了价值的决定中活劳动的重要性。在资本主义条件下，技术进步不可能完全消除苦活累活和长时间劳动。它们永久存在不是因为技术的阻碍而是因为社会的阻碍。尤其是，技术进步促进由非市场过程而来的需求的满足，它使劳动时间的减少成为可能，使重复的、危险的和不健康的任

---

① 参见 *Grundrisse*（pp. 708 – 709），还可以参见 pp. 704 – 706 和 *Capital* 3（pp. 357 – 359）。

务的自动化生产成为可能。然而，这是资本主义所厌恶的东西，因为它与资本增殖和剥削关系的再生产相冲突。在某一阶段，马克思相信人民大众不会接受这些对他们个人和集体潜能的限制。

对马克思来说，废除资本主义标志着人类社会史前时期的结束。① 然而，向另一种生产模式即共产主义的转变，是很艰难的。唯有人民大众受到巨大压力（获得完全的主体性意义），处于资本主义核心的社会关系才会发生变化。做不到这一点，资本主义也许会长期存在，虽然人类及其环境会付出巨大代价。

与此同时，为了解决我们时代的重大问题，知情群众的干预是必要的。这些问题包括：环境恶化，长期失业，富裕和贫穷国家都存在的贫困，可治愈或可控制的疾病的传播，文盲、文化、种族和经济压力，以及其他难题。在表述这些问题及其潜在解决方案时，马克思提供的分析不会受固有偏见的影响，这能激发出创造性的解决方案。

---

① 参见 Contribution （p.264）。

参考文献

Aglietta, M. (1979) *A Theory of Capitalist Regulation, the US Experience*, London: New Left Books.

Aglietta, M. (1980) 'La Dévalorisation du Capital: Etude des Liens entre Accumulation et Inflation', *Economie Appliquée* 33, 2: 387 – 423.

Albritton, R. (1984) 'The Dialectic of Capital: A Japanese Contribution', *Capital & Class* 22: 157 – 176.

Albritton, R. (1986) *A Japanese Reconstruction of Marxist Theory*, London: Macmillan.

Albritton, R. (1999) *Dialectics and Deconstruction in Political Economy*, London: Macmillan.

Althusser, L. (1969) *For Marx*, London: New Left Books.

Althusser, L. (1970) *Reading Capital*, London: New Left Books.

Arestis, P. and Howells, P. (1996) 'Theoretical Reflections on Endogenous Money: The Problem of Convenience Lending', *Cambridge Journal of Economics* 20, 5: 539 – 551.

Armstrong, P., Glyn, A. and Harrison, J. (1991) *Capitalism Since 1945*, Oxford: Blackwell.

Arnon, A. (1984) 'Marx's Theory of Money, the Formative Years',

History of Political Economy 16, 4: 555-575.

Arthur, C. (1979) 'Dialectic of the Value-Form', in D. Elson (ed.) *Value, The Representation of Labour in Capitalism*, London: CSE Books.

Arthur, C. (1992) *Marx's Capital: A Student Edition*, London: Lawrence and Wishart.

Arthur, C. (1993a) 'Hegel's "Logic" and Marx's "Capital"', in F. Moseley (ed.) *Marx's Method in 'Capital', A Reexamination*, Atlantic Highlands, N. J.: Humanities Press.

Arthur, C. (1993b) 'Review of Ali Shamsavari's "Dialectics and Social Theory, The Logic of Capital"', *Capital & Class* 50: 175-180.

Arthur, C. (1997) 'Against the Logical-Historical Method: Dialectical Derivation versus Linear Logic', in F. Moseley and M. Campbell (eds.) *New Investigations of Marx's Method*, Atlantic Highlands, N. J.: Humanities Press.

Arthur, C. (1998) 'Engels, Logic and History', in R. Bellofiore (ed.) *Marxian Economics: A Reappraisal, Essays on Volume III of Capital*, vol. 1, London: Macmillan.

Arthur, C. (2000a) 'From the Critique of Hegel to the Critique of Capital', in T. Burns and I. Fraser (eds.) *The Hegel-Marx Connection*, London: Macmillan.

Arthur, C. (2000b) 'Capital in General and Marx's "Capital"', unpublished manuscript.

Arthur, C. (2001) 'Value, Labour and Negativity', *Capital & Class* 73: 15-39.

Arthur, C. and Reuten, G. (eds.) (1998) *The Circulation of*

Capital: *Essays on Volume Two of Marx's Capital*, London: Macmillan.

Attewell, P. A. (1984) *Radical Political Economy*, *A Sociology of Knowledge Analysis*, New Brunswick, N. J.: Rutgers University Press.

Aumeeruddy, A., Lautier, B. and Tortajada, R. (1978) 'Labour Power and the State', *Capital & Class* 6: 42 – 66.

Aumeeruddy, A. and Tortajada, R. (1979) 'Reading Marx on Value: A Note on the Basic Texts', in D. Elson (ed.) *Value, The Representation of Labour in Capitalism*, London: CSE Books.

Backhaus, H. -G. (1974) 'Dialectique de la Forme Valeur', *Critiques de l'Economie Politique* 18: 5 – 33.

Bahr, H. -D. (1980) 'The Class Structure of Machinery: Notes on the Value Form', in P. Slater (ed.) *Outlines of a Critique of Technology*, Atlantic Highlands, N. J.: Humanities Press.

Banaji, J. (1979) 'From the Commodity to Capital, Hegel's Dialectic in Marx's "Capital"', in D. Elson (ed.) *Value, The Representation of Labour in Capitalism*, London: CSE Books.

Bandyopadhyay, P. (1981) 'In Defence of a Post-Sraffian Approach', in I. Steedman (ed.) *The Value Controversy*, London: Verso.

Baran, P. (1973) *The Political Economy of Growth*, Harmondsworth: Penguin.

Baran, P. and Sweezy, P. M. (1966) *Monopoly Capital*, New York: Monthly Review Press.

Baumol, W. J. (1974) 'The Transformation of Values. What Marx "Really" Meant (An Interpretation)', *Journal of Economic Literature* 12, 1: 51 – 62.

Baumol, W. J. (1983) 'Marx and the Iron Law of Wages', American Economic Review 73, 2: 303 – 308.

Baumol, W. J. (1992) 'Wages, Virtue and Value. What Marx Really Said', in G. A. Caravale (ed.) *Marx and Modern Economic Analysis*, Aldershot: Edward Elgar.

Bell, P. (1977) 'Marxist Theory, Class Struggle, and the Crisis of Capitalism', in J. G. Schwartz (ed.) *The Subtle Anatomy of Capitalism*, Santa Monica, Calif.: Goodyear.

Bell, P. and Cleaver, H. (1982) 'Marx's Crisis Theory as a Theory of Class Struggle', *Research in Political Economy* 5, 5: 189 – 261.

Benetti, C. and Cartelier, J. (1980) *Marchands, Salariat et Capitalistes*, Paris: Maspéro.

Best, M. (1972) 'Notes on Inflation', *Review of Radical Political Economics* 4, 4: 85 – 112.

Bharadwaj, K. (1986) *Classical Political Economics and Rise to Dominance of Supply and Demand Theories*, Hyderabad: Universities Press (India).

Bleaney, M. (1976) *Underconsumption Theories: A History and Critical Analysis*, London: Lawrence and Wishart.

Boddy, R. and Crotty, J. (1975), 'Class Conflict and Macro-Policy: The Political Business Cycle', *Review of Radical Political Economics* 7: 1 – 19.

Boddy, R. and Crotty, J. (1976), 'Wage-Push and Working-Class Power: A Reply to Howard Sherman', *Monthly Review* 27, 10: 35 – 43.

Böhm-Bawerk, E. von (1949) 'Karl Marx and the Close of His System', in P. M. Sweezy (ed.) *Karl Marx and the Close of His Sys-*

tem, Clifton, N. J. : A. M. Kelley.

Bologna, S. (1993a, b) 'Money and Crisis, Marx as Correspondent of the New York Daily Tribune, 1856-57', Parts 1 and 2, *Common Sense* 13: 29-53 and 14: 63-89.

Bologna, S. (1993c) 'La Ricerca del Gruppo di "Primo Maggio"', in L. Berti and A. Fumagalli (eds.) *L'Antieuropa delle Monete*, Rome: Manifestolibri.

Bonefeld, W. (1992) 'Social Constitution and the Form of the Capitalist State', in W. Bonefeld, R. Gunn and K. Psychopedis (eds.) *Open Marxism*, London: Pluto Press.

Bonefeld, W., Gunn, R. and Psychopedis, K. (1992a, b) 'Introduction', in *Open Marxism*, 2 vols., London: Pluto Press.

Bortkiewicz, L. von (1949) 'On the Correction of Marx's Fundamental Theoretical Construction on the Third Volume of Capital', in P. M. Sweezy (ed.) *Karl Marx and the Close of His System*, Clifton, N. J. : A. M. Kelley.

Bortkiewicz, L. von (1952) 'Values and Prices in the Marxian System', *International Economic Papers* 2: 5-60.

Bottomore, T. (ed.) (1991) *A Dictionary of Marxist Thought*, 2nd edn, Oxford: Blackwell.

Bowles, S. and Gintis, H. (1977) 'The Marxian Theory of Value and Heterogeneous Labour, Critique and Reformulation', *Cambridge Journal of Economics* 1, 2: 173-192.

Bowles, S. and Gintis, H. (1981) 'Labour Heterogeneity and the Labour Theory of Value, A Reply', *Cambridge Journal of Economics* 5, 3: 285-288.

Boyer, R. (1986) *La Théorie de la Régulation: Une Analyse Critique*, Paris: La Découverte.

Bradby, B. (1982) 'The Remystification of Value', Capital & Class 17: 114 – 133.

Braverman, H. (1974) *Labour and Monopoly Capital*, New York: Monthly Review Press.

Bray, J. (1931) *Labour's Wrongs and Labour's Remedy; Or, the Age of Might and the Age of Right*, London: LSE Reprints.

Brenner, R. (1986) 'The Social Basis of Economic Development', in J. Roemer (ed.) *Analytical Marxism*, Cambridge: Cambridge University Press.

Brighton Labour Process Group (1977) 'The Capitalist Labour Process', Capital & Class 1: 3 – 26.

Brödy, A. (1974) *Proportions, Prices and Planning: A Mathematical Restatement of the Labour Theory of Value*, Amsterdam: North Holland.

Brown, A. (2001) 'Methodological and Theoretical Perspectives on Economic Growth and Crises', Ph. D. thesis, University of Middlesex.

Brunhoff, S. de (1971) *L'Offre de Monnaie: Critique d'un Concept*, Paris: Maspéro.

Brunhoff, S. de (1973a) *La Politique Monétaire, Un Essai d'Intérpretation Marxiste*, Paris: Presses Universitaires de France.

Brunhoff, S. de (1973b) 'Marx as an a-Ricardian, Value, Money and Price at the Beginning of "Capital"', Economy & Society 2, 3: 412 – 430.

Brunhoff, S. de (1974 – 75) 'Controversies in the Theory of Surplus Value, A Reply to John Eatwell', *Science & Society* 38, 4: 478 - 482.

Brunhoff, S. de (1976) *Marx on Money*, New York: Urizen Books.

Brunhoff, S. de (1978a) *The State, Capital and Economic Policy*, London: Pluto Press.

Brunhoff, S. de (1978b) 'La Monnaie, Puissance Sociale, Puissance Privée', *Economies et Sociétés* 1: 2163 - 2186.

Brunhoff, S. de (1978c) 'L'Equilibre ou la Monnaie', *Economie Appliquée* 31, 1 - 2: 35 - 59.

Brunhoff, S. de (1982) 'Questioning Monetarism', *Cambridge Journal of Economics* 6: 285 - 294.

Brunhoff, S. de and Cartelier, J. (1974), 'Une Analyse Marxiste de l'Inflation', *Critique Sociale de France* 4, reprinted in S. de Brunhoff (ed.) (1979) *Les Rapports d'Argent*, Grenoble: Presses Universitaires de Grenoble.

Brunhoff, S. de and Ewenczyk, P. (1979) 'La Pensée Monétaire de K. Marx au XIXè et au XXè Siècles', in S. de Brunhoff (ed.) *Les Rapports d'Argent*, Grenoble: Presses Universitaires de Grenoble.

Bryan, R. (1985) 'Monopoly in Marxist Method', *Capital & Class* 26: 72 - 92.

Burdekin, R. and Burkett, P. (1996) *Distributional Conflict and Inflation: Theoretical and Historical Perspectives*, London: Macmillan.

Burkett, P. (1991) 'Some Comments on "Capital in General and the Structure of Marx's Capital"', *Capital & Class* 44: 49 - 72.

Callari, A. and Ruccio D. (eds.) (1996) *Postmodern Materialism and the Future of Marxist Theory: Essays in the Althusserian Tradi-*

tion, Hanover: Wesleyan University Press.

Campbell, M. (1993) 'Marx's Concept of Economic Relations and the Method of "Capital"', in F. Moseley (ed.) *Marx's Method in 'Capital', A Reexamination*, Atlantic Highlands, N. J.: Humanities Press.

Campbell, M. (1997) 'Marx's Theory of Money: A Defense', in F. Moseley and M. Campbell (eds.) *New Investigations of Marx's Method*, Atlantic Highlands, N. J.: Humanities Press.

Campbell, M. (1998) 'Money in the Circulation of Capital', in C. Arthur and G. Reuten (eds.) *The Circulation of Capital: Essays on Volume Two of Marx's Capital*, London: Macmillan.

Carchedi, G. (1984) 'The Logic of Prices as Values', *Economy & Society* 13, 4: 431-455.

Carchedi, G. (1991) *Frontiers of Political Economy*, London: Verso.

Cartelier, J. (1987) 'Mesure de la Valeur et Système Monétaire, La Tentative de Gray (1848) Textes et Commentaire', *Cahiers d'Economie Politique* 13: 191-208.

Carver, T. (1980) 'Translator's Foreword', in J. Zeleny á (1980) *The Logic of Marx*, Oxford: Basil Blackwell.

Catephores, G. (1986) 'The Historical Transformation Problem, A Reply', in B. Fine (ed.) *The Value Dimension*, London: Routledge & Kegan Paul.

Chattopadhyay, P. (1994) *The Marxian Concept of Capital and the Soviet Experience: Essay in the Critique of Political Economy*, Westport, Conn.: Praeger.

Chattopadhyay, P. (1998) 'Value and Exploitation: Marx's Problem and Skillman's Solution', *Science & Society* 62, 2: 218-240.

Chattopadhyay, P. (1999) 'On Some Aspects of the Dialectic of Labour in the Critique of Political Economy', unpublished manuscript.

Chattopadhyay, P. (2000) 'Surplus School and Marx: On Garegnani's Marx Reading', unpublished manuscript.

Clarke, S. (1980) 'The Value of Value', *Capital & Class* 10: 1 – 17.

Clarke, S. (1988) *Keynesianism Monetarism and the Crisis of the State*, Aldershot: Edward Elgar.

Clarke, S. (ed.) (1991) *The State Debate*, London: CSE/Macmillan.

Clarke, S. (1994) *Marx's Theory of Crisis*, London: Macmillan.

Cleaver, H. (1979) *Reading 'Capital' Politically*, Brighton, The Harvester Press.

Cleaver, H. (1984) 'Translator's Introduction', in A. Negri, *Marx Beyond Marx, Lessons on the Grundrisse*, South Hadley, Mass.: Bergin and Garvey.

Cleaver, H. (1989) 'Close the IMF, Abolish Debt and End Development: A Class Analysis of the International Debt Crisis', *Capital & Class* 39: 17 – 50.

Cleaver, H. (1992) 'The Inversion of Class Perspective in Marxian Theory: From Valorisation to Self-Valorisation', in W. Bonefeld, R. Gunn and K. Psychopedis (eds.) *Open Marxism*, London: Pluto Press.

Cockshott, P. and Cottrell, A. (1995) 'Testing Marx: Some New Results from UK Data', *Capital & Class* 55: 103 – 129.

Cohen, G. A. (1974) 'Marx's Dialectic of Labor', *Philosophy and Public Affairs* 3, 3: 235 – 261.

Cohen, G. A. (1981) 'The Labour Theory of Value and the Concept of Exploitation', in I. Steedman (ed.) *The Value Controversy*, London: Verso.

Colletti, L. (1972) *From Rousseau to Lenin*, London: New Left Books.

Cooley, M. (1981) 'The Taylorisation of Intellectual Work', in L. Levidow and B. Young (eds.) *Science*, *Techology and the Labour Process*, vol. 1, Atlantic Highlands, N. J. : Humanities Press.

Coombs, R. (1985) 'Labour and Monopoly Capital', in L. Levidow and B. Young (eds.) *Science*, *Techology and the Labour Process*, vol. 2, Atlantic Highlands, N. J. : Humanities Press.

Cottrell, A. (1994) 'Post-Keynesian Monetary Economics', *Cambridge Journal of Economics* 18: 587 – 605.

Cottrell, A. (1997) 'Monetary Endogeneity and the Quantity Theory: The Case of Commodity Money', unpublished manuscript.

Cullenberg, S. (1994) 'Unproductive Labour and the Contradictory Movement of the Rate of Profit: A Comment on Moseley', *Review of Radical Political Economics* 26, 2: 111 – 128.

Dalziel, P. (1990) 'Market Power, Inflation, and Incomes Policies', *Journal of Post-Keynesian Economics* 12: 424 – 438.

Desai, M. (1989) 'The Transformation Problem', *Journal of Economic Surveys* 2, 4: 295 – 333.

Desai, M. (1992) 'The Transformation Problem', in G. A. Caravale (ed.) *Marx and Modern Economic Analysis*, Aldershot: Edward Elgar.

Devine, J. (1989) 'What is "Simple Labour"? A Re-examination of the Value-Creating Capacity of Skilled Labour', *Capital & Class*

39: 113 - 131.

Devine, P. (1974) 'Inflation and Marxist Theory', *Marxism Today* (March): 79 - 92.

Devine, P. (2000) 'The "Conflict Theory of Inflation" Revisited', in J. Toporowski (ed.) *Political Economy and the New Capitalism: Essays in Honour of Sam Aaronovitch*, London: Routledge.

Dmitriev, V. (1974) *Economic Essays on Value, Competition and Utility*, Cambridge: Cambridge University Press.

Dobb, M. (1940) *Political Economy and Capitalism*, London: Routledge and Kegan Paul.

Dobb, M. (1943) 'Review of Theory of Capitalist Development, by Paul M. Sweezy', *Science & Society* 7: 270 - 275.

Dobb, M. (1967) 'Marx's "Capital" and its Place in Economic Thought', *Science & Society* 31, 4: 527 - 540.

Dollars and Sense (1978) 'Monopolies and Inflation', in Union for Radical Political Economics (ed.) *US Capitalism in Crisis*, New York: URPE.

Dostaler, G. and Lagueux, M. (eds.) (1985) *Un Echiquier Centenaire, Théorie de la Valeur et Formation des Prix*, Paris: La Découverte.

Dow, S. (1996) 'Horizontalism: A Critique', *Cambridge Journal of Economics* 20: 497 - 508.

Dowd, D. F. (1976) 'Stagflation and the Political Economy of Decadent Monopoly Capitalism', *Monthly Review* 28, 5: 14 - 29.

Duménil, G. (1980) *De la Valeur aux Prix de Production*, Paris: Economica.

Duménil, G. (1983 - 84) 'Beyond the Transformation Riddle: A

Labor Theory of Value', *Science and Society* 33, 4: 427 – 450.

Duménil, G. (1984) 'The So-Called "Transformation Problem" Revisited, A Brief Comment', *Journal of Economic Theory* 33: 340 – 348.

Duménil, G. and Lévy, D. (1991) 'Szumski's Validation of the Labour Theory of Value, A Comment', *Cambridge Journal of Economics* 15, 3: 359 – 364.

Dunne, P. (ed.) (1991) *Quantitative Marxism*, Cambridge: Polity Press.

Dymski, G. and Pollin, R. (1994) *New Perspectives in Monetary Macroeconomics: Explorations in the Tradition of Hyman P. Minsky*, Ann Arbor: University of Michigan Press.

Echeverría, R. (1978) 'A Critique of Marx's 1857 Introduction', *Economy & Society* 7, 4: 333 – 366.

Ehrbar, H. (1989) 'Mathematics and the Labor Theory of Value', *Review of Radical Political Economics* 21, 3: 7 – 12.

Eldred, M. (1984) 'A Reply to Gleicher', *Capital & Class* 23: 135 – 137.

Eldred, M. and Hanlon, M. (1981) 'Reconstructing Value-Form Analysis', *Capital & Class* 13: 24 – 60.

Elger, T. (1979) 'Valorisation and "Deskilling": A Critique of Braverman', *Capital & Class* 7: 58 – 99.

Elson, D. (ed.) (1979a) *Value, The Representation of Labour in Capitalism*, London: CSE Books.

Elson, D. (1979b) 'The Value Theory of Labour', in D. Elson (ed.) *Value, The Representation of Labour in Capitalism*, London: CSE

Books.

Engels, F. (1981) 'Supplement', in K. Marx, *Capital 3*, Harmondsworth: Penguin.

Engels, F. (1998) *Anti-Dühring*, in K. Marx and F. Engels, *Classics in Politics* (CD-Rom), London: The Electric Book Company.

Ergas, H. and Fishman, D. (1975) 'The Marxian Theory of Money and the Crisis of Capital', *Bulletin of the Conference of Socialist Economists* IV, 2, 11.

Faccarello, G. (1986) 'Sraffa versus Ricardo, The Historical Irrelevance of the "Corn-Profit" Model', in B. Fine (ed.) *The Value Dimension*, London: Routledge & Kegan Paul.

Fine, B. (1980) *Economic Theory and Ideology*, London: Edward Arnold.

Fine, B. (1982) *Theories of the Capitalist Economy*, London: Edward Arnold.

Fine, B. (1983) 'A Dissenting Note on the Transformation Problem', *Economy & Society* 12, 4: 520–525.

Fine, B. (1985–86) 'Banking Capital and the Theory of Interest', *Science & Society* 49, 4: 387–413.

Fine, B. (ed.) (1986a) *The Value Dimension, Marx versus Ricardo and Sraffa*, London: Routledge & Kegan Paul.

Fine, B. (1986b) 'On the Historical Transformation Problem', in *The Value Dimension*, London: Routledge & Kegan Paul.

Fine, B. (1989) *Marx's Capital* (3rd edn), Basingstoke, Macmillan.

Fine, B. (1990) 'On the Composition of Capital, A Comment on

Groll and Orzech', *History of Political Economy* 22, 1: 149 –155.

Fine, B. (1992) 'On the Falling Rate of Profit', in G. A. Caravale (ed.) *Marx and Modern Economic Analysis*, Aldershot: Edward Elgar.

Fine, B. (1996) 'The Continuing Imperative of Value Theory: A Personal Account', unpublished manuscript.

Fine, B. (1997) 'The New Revolution in Economics', *Capital & Class* 61: 143 –148.

Fine, B. (1998) *Labour Market Theory: A Constructive Reassessment*, London: Routledge.

Fine, B. (2001) *Social Capital versus Social Theory*, London: Routledge.

Fine, B. and Harris, L. (1979) *Rereading Capital*, London: Macmillan.

Fine, B. and Heasman, M. (1997) *Consumption in the Age of Affluence*, London: Routledge.

Fine, B. and Lapavitsas, C. (2000) 'Markets and Money in Social Theory: What Role for Economics?', *Economy and Society* 29, 3: 357 –382.

Fine, B. and Leopold, E. (1993) *The World of Consumption*, London: Routledge.

Fine, B. and Murfin, A. (1984) *Macroeconomics and Monopoly Capitalism*, Brighton: Wheatsheaf.

Fine, B., Lapavitsas, C. and Milonakis, D. (2000) 'Dialectics and Crisis Theory: A Response to Tony Smith', *Historical Materialism* 6: 133 –137.

Fine, B., Lapavitsas, C. and Saad-Filho, A. (2000) 'Transforming the Transformation Problem: Why the "New Solution" is a Wrong Turning', unpublished manuscript.

Flaschel, P. (1984) 'The So-Called "Transformation Problem" Revisited, A Comment', *Journal of Economic Theory* 33: 349–351.

Foley, D. (1975) *Towards a Marxist Theory of Money*, Technical report no. 181, Stanford University.

Foley, D. (1982) 'The Value of Money, the Value of Labour Power and the Marxian Transformation Problem', *Review of Radical Political Economics* 14, 2: 37–47.

Foley, D. (1983) 'On Marx's Theory of Money', *Social Concept* 1, 1: 5–19.

Foley, D. (1986) *Understanding Capital, Marx's Economic Theory*, Cambridge, Mass.: Harvard University Press.

Foley, D. (1998) 'Asset Speculation in Marx's Theory of Money', in R. Bellofiore (ed.) *Marxian Economics: A Reappraisal, Essays on Volume III of Capital*, vol. 2, London: Macmillan.

Foley, D. (2000) 'Recent Developments in the Labor Theory of Value', *Review of Radical Political Economics* 32, 1: 1–39.

Fracchia, J. and Ryan, C. (1992) 'Historical-Materialist Science, Crisis and Commitment', in W. Bonefeld, R. Gunn and K. Psychopedis (eds.) *Open Marxism*, vol. 2, London: Pluto Press.

Fraser, I. (1997) 'Two of a Kind: Hegel, Marx, Dialectic and Form', *Capital & Class* 61: 81–106.

Freeman, A. and Carchedi, G. (eds.) (1996) *Marx and Non-Equilibrium Economics*, Aldershot: Edward Elgar.

Gamble, A. and Walton, P. (1976) *Capitalism in Crisis: Inflation and the State*, London: Macmillan.

Ganssmann, H. (1983) 'Marx Without the Labour Theory of Value', *Social Research* 50, 2: 278 – 304.

Ganssmann, H. (1986) 'Transformation of Physical Conditions of Production, Steedman's Economic Metaphysics', in B. Fine (ed.) *The Value Dimension*, London: Routledge & Kegan Paul.

Garegnani, P. (1985) 'La Théorie Classique de la Répartition et le Problème dit de la "Transformation" chez Marx', in G. Dostaler and M. Lagueux (eds.) *Un Echiquier Centenaire, Théorie de la Valeur et Formation des Prix*, Paris: La Découverte.

Gereffi, G. and Korzeniewicz, M. (eds.) (1994) *Commodity Chains and Global Capitalism*, Westport, Conn.: Praeger.

Germer, C. M. (1997) 'How Capital Rules Money-Marx's Theory of Money in Capitalism', unpublished manuscript.

Germer, C. M. (1999) 'O Conceito de 'Padrão-Ouro e os Equívocos da Economia Política', unpublished manuscript.

Gerstein, I. (1986) 'Production, Circulation and Value, The Significance of the "Transformation Problem" in Marx's Critique of Political Economy', in B. Fine (ed.) *The Value Dimension*, London: Routledge & Kegan Paul.

Giussani, P. (1986) 'Value and Labour, Simple and Complex Labour in the Labour Theory of Value', *Working Paper* no. 7, Centre for Political Science, Vrije Universiteit Brussel, Brussels.

Gleicher, D. (1983) 'A Historical Approach to the Question of Abstract Labour', *Capital & Class* 21: 97 – 122.

Gleicher, D. (1985) 'Note: A Rejoinder to Eldred', *Capital & Class* 24: 147–155.

Gleicher, D. (1985–86) 'The Ontology of Labour Values', *Science & Society* 49, 4: 463–471.

Gleicher, D. (1989) 'Labor Specialization and the Transformation Problem', *Review of Radical Political Economics* 21, 1–2: 75–95.

Glick, M. and Ehrbar, H. (1986–87) 'The Labour Theory of Value and Its Critics', *Science & Society* 50, 4: 464–478.

Glick, M. and Ehrbar, H. (1987) 'The Transformation Problem, An Obituary', *Australian Economic Papers* 26, 49: 294–317.

Glyn, A. and Sutcliffe, B. (1972) *Workers, British Capitalism and the Profit Squeeze*, Harmondsworth: Penguin.

Goode, P. (1973) 'The Law of Value and Marx's Method', *Bulletin of the Conference of Socialist Economists* 2, 6: 65–69.

Gordon, D. M. (1981) 'Capital-Labor Conflict and the Productivity Slowdown', *American Economic Review* 71, 2: 30–35.

Gray, J. (1831) *The Social System*, Edinburgh.

Gray, J. (1848) *Lectures on the Nature and Use of Money*, Edinburgh.

Green, F. and Sutcliffe, B. (1987) *The Profit System*, Harmondsworth: Penguin.

Groll, S. and Orzech, Z. (1987) 'Technological Progress and Values in Marx's Theory of the Decline in the Rate of Profit, an Exegetical Approach', *History of Political Economy* 19, 4: 591–613.

Groll, S. and Orzech, Z. (1989) 'Stages in the Development of a Marxian Concept, the Composition of Capital', *History of Political Economy 21, 1: 57 – 76.

Grossman, H. (1977) 'Marx, Classical Political Economy, and the Problem of Dynamics', *Capital & Class* 2: 32 – 55.

Grou, P. (1977) *Monnaie, Crise Economique*, Paris: Maspéro.

Gunn, R. (1992) 'Against Historical Materialism, Marxism as a First-Order Discourse', in W. Bonefeld, R. Gunn and K. Psychopedis (eds.) *Open Marxism*, vol. 2, London: Pluto Press.

Guttman, R. (1994) *How Credit-Money Shapes the Economy: The United States in a Global System*, Armonk, N. Y.: M. E. Sharpe.

Haberler, G. (1966) 'Marxian Economics in Retrospect and Prospect', *Zeitschrift für Nationalökonomie* 26: 69 – 82.

Harvey, D. (1999) *The Limits to Capital*, London: Verso.

Harvey, P. (1983) 'Marx's Theory of the Value of Labour Power, An Assessment', *Social Research* 50, 2: 305 – 344.

Harvey, P. (1985) 'The Value-Creating Capacity of Skilled Labor in Marxian Economics', *Review of Radical Political Economics* 17, 1 – 2: 83 – 102.

Hegel, G. W. F. (1991) *The Encyclopedia Logic*, Indianapolis: Hackett Publishing, Inc.

Heinrich, M. (1989) 'Marx's Theory of Capital', *Capital & Class* 38: 63 – 79.

Heller, A. (1976) *The Theory of Need in Marx*, London: Allison & Busby.

Hilferding, R. (1949) 'Böhm-Bawerk's Criticism of Marx', in P. M. Sweezy (ed.) *Karl Marx and the Close of His System*, Clifton, N. J.: A. M. Kelley.

Hilferding, R. (1981) *Finance Capital*, London: Routledge & Kegan Paul.

Himmelweit, S. (1991) 'Exploitation', in T. Bottomore (ed.) *A Dictionary of Marxist Thought*, 2nd edn, Oxford: Blackwell.

Himmelweit, S. and Mohun, S. (1978) 'The Anomalies of Capital', *Capital & Class* 6: 67–105.

Himmelweit, S. and Mohun, S. (1981) 'Real Abstractions and Anomalous Assumptions', in I. Steedman (ed.) *The Value Controversy*, London: Verso.

Hodgson, G. (1973) 'Marxian Epistemology and the Transformation Problem', *Economy & Society* 3, 4: 357–392.

Hodgson, G. (1981) 'Money and the Sraffa System', *Australian Economic History Review* 20, 36: 83–95.

Holloway, J. (1992) 'Crisis, Fetishism and Class Composition', in W. Bonefeld, R. Gunn and K. Psychopedis (eds.) *Open Marxism*, vol. 2, London: Pluto Press.

Holloway, J. (1994) 'Global Capital and the National State', *Capital & Class* 52: 23–50.

Howard, M. (1983) *Profits in Economic Theory*, London: Macmillan.

Howard, M. C. and King, J. E. (1989, 1991) *A History of Marxian Economics*, 2 vols., London: Macmillan.

Ilyenkov, E. V. (1977) *Dialectical Logic: Essays on Its History and Theory*, Moscow: Progress Publishers.

Ilyenkov, E. V. (1982) *The Dialectics of the Abstract and the Concrete in Marx's 'Capital'*, Moscow: Progress Publishers.

Indart, G. (n. d.) 'The Microeconomic Foundation of the Theory of Market Value Determination', unpublished manuscript.

Itoh, M. (1987) 'Skilled Labour in Value Theory', *Capital & Class* 31: 39 – 58.

Itoh, M. and Lapavitsas, C. (1999) *Political Economy of Money and Finance*, London: Macmillan.

Jacobi, O. Bergmann, J. and Mueller-Jentsch, W. (1975) 'Problems in Marxist Theories of Inflation', *Kapitalistate* 3: 107 – 25.

Kalecki, M. (1990a) 'Political Aspects of Full Employment', in *Collected Works*, vol. 1, Oxford: Clarendon Press.

Kalecki, M. (1990b) 'The Business Cycle and Inflation', in *Collected Works*, vol. 1, Oxford: Clarendon Press.

Kalecki, M. (1990c) 'Essays in the Theory of Economic Fluctuations', in *Collected Works*, vol. 1, Oxford: Clarendon Press.

Kalecki, M. (1997) 'Introductory Remarks on Inflationary and Deflationary Processes', in *Collected Works*, vol. 7, Oxford: Clarendon Press.

Kapferer, N. (1980) 'Commodity, Science and Technology: A Critique of Sohn-Rethel', in P. Slater (ed.) *Outlines of a Critique of Technology*, Atlantic Highlands, N. J.: Humanities Press.

Kliman, A. (2000) 'Marx's Concept of Intrinsic Value', *Historical Materialism* 6: 89 – 113.

Kliman, A. and McGlone, T. (1988) 'The Transformation non-Problem and the non-Transformation Problem', *Capital & Class* 35: 56 – 83.

Kosik, K. (1976) *Dialectics of the Concrete, A Study on Problems of Man and World*, Dordrecht and Boston: D. Reidel Publishing Company.

Kotz, D. M. (1987) 'Radical Theories of Inflation', in URPE (ed.) *The Imperiled Economy. Book* 1: *Macroeconomics from a Left Perspective*, New York: URPE.

Lagueux, M. (1985) 'Le Principe de la Conservation de la Valeur et le Problème de la Transformation', in G. Dostaler and M. Lagueux (eds.) *Un Echiquier Centenaire*, *Théorie de la Valeur et Formation des Prix*, Paris: La Découverte.

Laibman, D. (1973) 'Values and Price of Production, the Political Economy of the Transformation Problem', *Science & Society* 37, 4: 404 - 436.

Laibman, D. (1976). 'The Marxian Labor-Saving Bias, A Formalization', *Quarterly Review of Economics and Business* 16, 3: 25 - 44.

Lapavitsas, C. (1994) 'The Banking School and the Monetary Thought of Karl Marx', *Cambridge Journal of Economics* 18: 447 - 461.

Lapavitsas, C. (2000a) 'Money and the Analysis of Capitalism: The Significance of Commodity Money', *Review of Radical Political Economics* 32, 4: 631 - 656.

Lapavitsas, C. (2000b) 'On Marx's Analysis of Money Hoarding in the Turnover of Capital', *Review of Political Economy* 12, 2: 219 - 235.

Lapavitsas, C. (2000c) 'On the Origin of Money in the Relations of Commodity Owners with Each Other', unpublished manuscript.

Lapavitsas, C. (2000d) 'Distinguishing between Commodity and Gift', unpublished manuscript.

Lapavitsas, C. and Saad-Filho, A. (2000) 'The Supply of Credit Money and Capital Accumulation: A Critical View of Post-Keynesian Analysis', *Research in Political Economy* 18: 309 – 334.

Lapides, K. (1998) *Marx's Wage Theory in Historical Perspective: Its Origins, Development and Interpretation*, Westport, Conn.: Praeger.

Lavoie, D. (1983) 'Some Strengths in Marx's Disequilibrium Theory of Money', *Cambridge Journal of Economics* 7: 55 – 68.

Lavoie, D. (1986) 'Marx, the Quantity Theory, and the Theory of Value', *History of Political Economy* 18, 1: 155 – 170.

Lavoie, M. (1992) *Foundations of Post-Keynesian Economic Analysis*, Aldershot: Edward Elgar.

Leadbeater, D. (1985) 'The Consistency of Marx's Categories of Productive and Unproductive Labour', *History of Political Economy* 17, 4: 591 – 618.

Lebowitz, M. (1992) *Beyond Capital, Marx's Political Economy of the Working Class*, London: Macmillan.

Lebowitz, M. (1994) 'The Theory of the Capitalist State', unpublished manuscript.

Lee, C.-O. (1990) 'On the Three Problems of Abstraction, Reduction and Transformation in Marx's Labour Theory of Value', Ph. D. Thesis, University of London.

Lee, C.-O. (1993) 'Marx's Labour Theory of Value Revisited', *Cambridge Journal of Economics* 17, 4: 463 – 478.

Lenin, V. I. (1972) *Philosophical Notebooks, Collected Works*, vol. 38, London: Lawrence and Wishart.

Levidow, L. and Young, B. (1981, 1985) *Science, Technology and the Labour Process, Marxist Studies*, 2 vols., London: Free Association Books.

Lianos, T. (1987). 'Marx on the Rate of Interest', *Review of Radical Political Economics* 19, 3: 34 – 55.

Lipietz, A. (1982) 'The So-Called "Transformation Problem" Revisited', *Journal of Economic Theory* 26, 1: 59 – 88.

Lipietz, A. (1984) 'The So-Called "Transformation Problem" Revisited, A Brief Reply to Brief Comments', *Journal of Economic Theory* 33, 2: 352 – 355.

Lipietz, A. (1985a) *The Enchanted World: Inflation, Credit and the World Crises*, London: Verso.

Lipietz, A. (1985b) 'Le Débat sur la Valeur: Bilan Partiel et Perspectives Partiales', in G. Dostaler and M. Lagueux (eds.) *Un Echiquier Centenaire, Théorie de la Valeur et Formation des Prix*, Paris: La Découverte.

Likitkijsomboon, P. (1995) 'Marxian Theories of Value-Form', *Review of Radical Political Economics* 27, 2: 73 – 105.

Loranger, J.-G. (1982a) 'Le Rapport entre la Pseudo-Monnaie et la Monnaie: de la Possibilité à la Réalité des Crises', *Critiques de l'Economie Politique* 18: 114 – 132.

Loranger, J.-G. (1982b) 'Pseudo-Validation du Crédit et Etalon Variable de Valeur', *Economie Appliquée* 35, 3: 485 – 499.

Loranger, J.-G. (1989) 'Circuit of Capital: A New Look at Inflation', *Review of Radical Political Economics* 21, 1 – 2: 97 – 112.

Lukács, G. (1971) *History and Class Consciousness*, London: Merlin Press.

Mage, S. (1963) 'The Law of the Falling Tendency of the Rate of Profit, Its Place in the Marxian System and Relevance to the US Economy', Ph. D. Thesis, Columbia University.

Mandel, E. (1968), *Marxist Economic Theory*, London: Merlin Press.

Mandel, E. (1975) *Late Capitalism*, London: New Left Books.

Mandel, E. and Freeman, A. (eds.) (1984) *Ricardo, Marx, Sraffa*, London: Verso.

Maniatis, T. (1996) 'Testing Marx: A Note', *Capital & Class* 59: 37-54.

Marazzi, C. (1977) 'Money in the World Crisis: The New Basis of Capitalist Power', *Zerowork* 2: 91-111.

Marglin, S. (1974) 'What do Bosses Do?', *Review of Radical Political Economics* 6, 2: 60-112.

Marglin, S. and Schor, J. (eds.) (1990) *The Golden Age of Capitalism: Reinterpreting the Postwar Experience*, Oxford: Clarendon Press.

Marx, K. (1974) 'Critique of the Gotha Programme', in *The First International and After*, Harmondsworth: Penguin.

Marx, K. (1975) *Early Writings*, Harmondsworth: Penguin.

Marx, K. (1976) *Value: Studies by Marx*, in A. Dragstedt (ed.), London: New Park.

Marx, K. (1977) 'The Poverty of Philosophy', in D. McLellan (ed.) *Karl Marx: Selected Writings*, Oxford: Oxford University Press.

Marx, K. (1978a, 1969, 1972) *Theories of Surplus Value*, 3 vols., London: Lawrence and Wishart.

Marx, K. (1981a) *Grundrisse*, Harmondsworth: Penguin.

Marx, K. (1976, 1978b, 1981b) *Capital*, 3 vols., Harmondsworth: Penguin.

Marx, K. (1985) *Collected Works*, vol. 41, London: Lawrence and Wishart.

Marx, K. (1987) *A Contribution to the Critique of Political Economy*, *Collected Works*, vol. 29, London: Lawrence and Wishart.

Marx, K. (1988a) *Letter to Kugelmann*, *July* 11, 1868, *Collected Works*, vol. 43, London: Lawrence and Wishart.

Marx, K. (1988b) *Collected Works*, vol. 30, London: Lawrence and Wishart.

Marx, K. (1989) *Marginal Notes on Adolph Wagner's 'Lehrbuch der Politischen Ökonomie'*, *Collected Works*, vol. 24, London: Lawrence and Wishart.

Marx, K. (1998) *Value, Price and Profit*, in K. Marx and F. Engels, *Classics in Politics* (CD-Rom), London: The Electric Book Company.

Marx, K. and Engels, F. (1998) *The Communist Manifesto*, in K. Marx and F. Engels, *Classics in Politics* (CD-Rom), London: The Electric Book Company.

Mattick, P. (1978) *Economics, Politics, and the Age of Inflation*, White Plains, N. Y.: M. E. Sharpe.

Mattick, P. Jr. (1991–92) 'Some Aspects of the Value-Price Problem', *International Journal of Political Economy* 21, 4: 9–66.

Mattick, P. Jr. (1993) 'Marx's Dialectic', in F. Moseley (ed.) *Marx's Method in 'Capital', A Reexamination*, Atlantic Highlands, N. J.: Humanities Press.

Mattick, P. Jr. (1997) 'Theory as Critique, On the Argument in *Capital*', in F. Moseley and M. Campbell (eds.) *New Investigations of Marx's Method*, Atlantic Highlands, N. J.: Humanities Press.

May, K. (1948) 'Value and Price of Production, A Note on Winternitz's Solution', *Economic Journal* 58: 596–599.

Meacci, F. (1992) 'The Organic Composition of Capital and the Falling Rate of Profit', in G. A. Caravale (ed.) *Marx and Modern Economic Analysis*, Aldershot: Edward Elgar.

Medio, A. (1977) 'Neoclassicals, Neo-Ricardians, and Marx', in J. G. Schwartz (ed.) *The Subtle Anatomy of Capitalism*, Santa Monica, Calif.: Goodyear.

Meek, R. L. (1956) 'Some Notes on the "Transformation Problem"', *Economic Journal* 66: 94–107.

Meek, R. L. (1973) *Studies in the Labour Theory of Value*, London: Lawrence and Wishart.

Messori, M. (1984) 'Teoria del Valore Senza Merce-Denaro? Considerazioni Preliminari Sull' Analisi Monetaria di Marx', *Quaderni di Storia dell' Economia Política* 2, 1–2: 185–232.

Messori, M. (1991) 'Financing in Kalecki's Theory', *Cambridge Journal of Economics* 15: 301–313.

Milonakis, D. (1990) 'Historical Aspects of the Law of Value and the Transition to Capitalism', Ph. D. Thesis, University of London.

Milonakis, D. (1993–94) 'Prelude to the Genesis of Capitalism: The Dynamics of the Feudal Mode of Production', *Science & Society* 57, 4: 390–419.

Minsky, H. P. (1975) *John Maynard Keynes*, New York: Columbia University Press.

Minsky, H. P. (1986) *Stabilizing an Unstable Economy*, New Haven: Yale University Press.

Mirowski, P. (1989) *More Heat than Light*, *Economics as Social Physics*; *Physics as Nature's Economics*, Cambridge: Cambridge University Press.

Mohun, S. (1991) 'Value', in T. Bottomore (ed.) *A Dictionary of Marxist Thought*, 2nd edn, Oxford: Blackwell.

Mohun, S. (1994) 'A Re(in)statement of the Labour Theory of Value', *Cambridge Journal of Economics* 18: 391-412.

Mohun, S. (ed.) (1995) *Debates in Value Theory*, London: Macmillan.

Mohun, S. (1996) 'Productive and Unproductive Labor in the Labor Theory of Value', *Review of Radical Political Economics* 28, 4: 30-54.

Mohun, S. (2000) 'New Solution or Re(in)statement? A Reply', *Cambridge Journal of Economics* 24, 1: 113-117.

Mohun, S. (forthcoming) 'Productive and Unproductive Labor: A Reply to Houston and Laibman', *Review of Radical Political Economics*.

Mollo, M. L. R. (1999) 'Money Endogeneity: Post-Keynesian and Marxian Views Compared', *Research in Political Economy* 17: 3-25.

Moore, B. (1988) *Horizontalists and Verticalists: The Macroeconomics of Credit Money*, Cambridge: Cambridge University Press.

Morishima, M. (1973) *Marx's Economics—A Dual Theory of Value and Growth*, Cambridge: Cambridge University Press.

Morishima, M. (1974) 'Marx in the Light of Modern Economic Theory', *Econometrica* 42, 4: 611-632.

Morris, J. (1972) 'The Monetary Crisis of World Capitalism', *Monthly Review* 23, 8: 17-27.

Morris, J. (1973) 'The Crisis of Inflation', *Monthly Review* 25, 4: 1-22.

Moseley, F. (ed.) (1993) *Marx's Method in 'Capital', A Re-examination*, Atlantic Highlands, N. J., Humanities Press.

Moseley, F. (1994) 'Unproductive Labor and the Rate of Profit, A Reply to Cullenberg's Comment', *Review of Radical Political Economics* 26, 2: 121 – 128.

Moseley, F. (1995a) 'Marx's Economic Theory: True or False? A Marxian Response to Blaug's Appraisal', in *Heterodox Economic Theories: True or False?*, Aldershot: Edward Elgar.

Moseley, F. (1995b) 'Capital in General and Marx's Logical Method: A Response to Heinrich's Critique', *Capital & Class* 56: 15 – 48.

Moseley, F. (1997a) 'The Development of Marx's Theory of the Distribution of Surplus Value', in F. Moseley and M. Campbell (eds.) *New Investigations of Marx's Method*, Atlantic Highlands, N. J.: Humanities Press.

Moseley, F. (1997b) 'Abstract Labor: Substance or Form? A Critique of the Value-Form Interpretation of Marx's Theory', unpublished manuscript.

Moseley, F. (1999) 'The United States Economy at the Turn of the Century: Entering a New Era of Prosperity?' *Capital & Class* 67: 25 – 46.

Moseley, F. (2000a) 'The "New Solution" to the Transformation Problem: A Sympathetic Critique', *Review of Radical Political Economics* 32, 2: 282 – 316.

Moseley, F. (2000b) 'The Determination of Constant Capital in the Case of a Change in the Value of the Means of Production', unpublished manuscript.

Moseley, F. and Campbell, M. (eds.) (1997) *New Investigations of Marx's Method*, Atlantic Highlands, N. J.: Humanities Press.

Murray, P. (1988) *Marx's Theory of Scientific Knowledge*, Atlantic Highlands, N. J.: Humanities Press.

Murray, P. (1993) 'The Necessity of Money: How Hegel Helped Marx Surpass Ricardo's Theory of Value', in F. Moseley (ed.) *Marx's Method in 'Capital', A Reexamination*, Atlantic Highlands, N. J.: Humanities Press.

Naples, M. (1989) 'A Radical Economic Revision of the Transformation Problem', *Review of Radical Political Economics* 21, 1-2: 137-158.

Nell, E. J. (1992) *Transformational Growth and Effective Demand*, New York: New York University Press.

Nell, E. J. and Deleplace, G. (eds.) (1996) *Money in Motion: The Circulation and Post Keynesian Approaches*, London: Macmillan.

Nuti, D. M. (1977) 'The Transformation of Labor Values into Production Prices and the Marxian Theory of Exploitation', in J. G. Schwartz (ed.) *The Subtle Anatomy of Capitalism*, Santa Monica, Calif. Goodyear.

Oakley, A. (1983) *The Making of Marx's Critical Theory*, London: Routledge & Kegan Paul.

Oakley, A. (1984, 1985) *Marx's Critique of Political Economy, Intellectual Sources and Evolution*, 2 Vols., London: Routledge & Kegan Paul.

Okishio, N. (1974) 'Value and Production Price', *Kobe University Economic Review* 20: 1-19.

Ollman, B. (1993) *Dialectical Investigations*, London: Routledge.

Ong, N.-P. (1980) 'Marx's Classical and Post-Classical Conceptions of the Wage', *Australian Economic Papers* 19, 35: 264 – 277.

Orléan, A. (1982) 'Inflation et Souveraineté Monétaire', *Critiques de l'Economie Politique* 18: 93 – 113.

Palley, T. (1996) *Post Keynesian Economics: Debt, Distribution and the Macro Economy*, London: Macmillan.

Panzieri, R. (1980) 'The Capitalist Use of Machinery: Marx versus the "Objectivists"', in P. Slater (ed.) *Outlines of a Critique of Technology*, Atlantic Highlands, N. J. : Humanities Press.

Pasinetti, L. (1977) *Lectures on the Theory of Production*, New York: Columbia University Press.

Perelman, M. (1987) *Marx's Crises Theory: Scarcity, Labor, and Finance*, Westport, Conn. : Praeger.

Perelman, M. (1990) 'The Phenomenology of Constant Capital and Fictitious Capital', *Review of Radical Political Economics* 22, 2 – 3: 66 – 91.

Perelman, M. (1993) 'The Qualitative Side of Marx's Value Theory', *Rethinking Marxism* 6, 1: 82 – 95.

Perelman, M. (1996) *The Pathology of the US Economy*, London: Macmillan.

Perelman, M. (1999) 'Marx, Devalorisation, and the Theory of Value', *Cambridge Journal of Economics* 23, 6: 719 – 728.

Perlman, F. (1977) 'The Reproduction of Daily Life', in J. G. Schwartz (ed.) *The Subtle Anatomy of Capitalism*, Santa Monica, Calif. : Goodyear.

Pilling, G. (1972) 'The Law of Value in Ricardo and Marx', *Economy & Society* 1, 3: 281-307.

Pilling, G. (1980) *Marx's 'Capital', Philosophy and Political Economy*, London: Routledge & Kegan Paul.

Polanyi, K. (1944) *The Great Transformation, The Political and Economic Origins of Our Time*, Beacon Hill: Beacon Press.

Post, K. (1996) *Regaining Marxism*, London: Macmillan.

Postone, M. (1993) *Time, Labour and Social Domination, A Re-examination of Marx's Critical Theory*, Cambridge: Cambridge University Press.

Psychopedis, K. (1992) 'Dialectical Theory: Problems of Reconstruction', in W. Bonefeld, R. Gunn and K. Psychopedis (eds.) *Open Marxism*, vol. 1, London: Pluto Press.

Ramos-Martínez, A. and Rodríguez-Herrera, A. (1996) 'The Transformation of Values into Prices of Production: A Different Reading of Marx's Text', in A. Freeman and G. Carchedi (eds.) *Marx and Non-Equilibrium*, Aldershot: Edward Elgar.

Reichelt, H. (1995) 'Why did Marx Conceal his Dialectical Method?', in W. Bonefeld, R. Gunn, J. Holloway and K. Psychopedis (eds.) *Emancipating Marx*, London: Pluto.

Reinfelder, M. (1980) 'Breaking the Spell of Technicism', in P. Slater (ed.) *Outlines of a Critique of Technology*, Atlantic Highlands: Humanities Press.

Resnick, S. and Wolff, R. (1996) 'The New Marxian Political Economy and the Contribution of Althusser', in A. Callari and D. Ruccio (eds.) *Postmodern Marxism and the Future of Marxist Theory: Es-*

says in the Althusserian Tradition, Hanover, Penn.: Wesleyan University Press.

Reuten, G. (1993) 'The Difficult Labor of a Theory of Social Value, Metaphors and Systematic Dialectics at the Beginning of Marx's "Capital"', in F. Moseley (ed.) *Marx's Method in 'Capital', A Reexamination*, Atlantic Highlands, N. J.: Humanities Press.

Reuten, G. (1995) 'Conceptual Collapses: A Note on Value-Form Theory', *Review of Radical Political Economics* 27, 3: 104 – 110.

Reuten, G. (1997) 'The Notion of Tendency in Marx's 1894 Law of Profit', in F. Moseley and M. Campbell (eds.) *New Investigations of Marx's Method*, Atlantic Highlands, N. J.: Humanities Press.

Reuten, G. (1999) 'The Source versus Measure Obstacle in Value Theory', *Rivista di Política Econômica* 89, 4 – 5: 87 – 115.

Reuten, G. and Williams, M. (1989) *Value-Form and the State, The Tendencies of Accumulation and the Determination of Economic Policy in Capitalist Society*, London: Routledge.

Ricardo, D. (1951) *On the Principles of Political Economy and Taxation*, Cambridge: Cambridge University Press.

Ricardo, D. (1966) *The High Price of Bullion, a Proof of the Depreciation of Bank Notes*, in *Collected Works*, vol. 3, Cambridge: Cambridge University Press.

Roberts, B. (1987) 'Marx After Steedman, Separating Marxism from "Surplus Theory"', *Capital & Class* 32: 84 – 103.

Roberts, B. (1996) 'The Visible and the Measurable: Althusser and the Marxian Theory of Value', in A. Callari and D. Ruccio (eds.) *Postmodern Marxism and the Future of Marxist Theory: Essays in the Al-*

thusserian Tradition, Hanover, Penn.: Wesleyan University Press.

Roberts, B. (1997) 'Embodied Labour and Competitive Prices: A Physical Quantities Approach', *Cambridge Journal of Economics* 21: 483 – 502.

Roemer, J. E. (1979) 'Continuing Controversy on the Falling Rate of Profit, Fixed Capital and Other Issues', *Cambridge Journal of Economics* 3: 379 – 398.

Roncaglia, A. (1974) 'The Reduction of Complex Labour to Simple Labour', *Bulletin of the Conference of Socialist Economists* 9.

Roosevelt, F. (1977) 'Cambridge Economics as Commodity Fetishism', in J. G. Schwartz (ed.) *The Subtle Anatomy of Capitalism*, Santa Monica, Calif.: Goodyear.

Rosdolsky, R. (1977) *The Making of Marx's 'Capital'*, London: Pluto Press.

Rosenberg, S. and Weisskopf, T. (1981) 'A Conflict Theory Approach to Inflation in the Postwar U. S. Economy', *American Economic Review* 71, 2: 42 – 47.

Rosenthal, J. (1997) *The Myth of Dialectics: Reinterpreting the Marx-Hegel Relation*, London: Macmillan.

Rosenthal, J. (1999) 'The Escape from Hegel', *Science & Society* 63, 3: 283 – 309.

Rosenthal, J. (2000) 'The Escape from Hegelians: Rejoinder', *Science & Society* 64, 4: 502 – 517.

Rowthorn, B. (1980) *Capitalism, Conflict and Inflation*, London: Lawrence and Wishart.

Rubin, I. I. (1975) *Essays on Marx's Theory of Value*, Montréal:

Black Rose Books.

Rubin, I. I. (1978) 'Abstract Labour and Value in Marx's System', *Capital & Class* 5: 107 - 140.

Rubin, I. I. (1979) *A History of Economic Thought*, London: Pluto Press.

Saad-Filho, A. (1993a) 'Labour, Money and "Labour-Money", A Review of Marx's Critique of John Gray's Monetary Analysis', *History of Political Economy* 25, 1: 65 - 84.

Saad-Filho, A. (1993b) 'A Note on Marx's Analysis of the Composition of Capital', *Capital & Class* 50: 127 - 146.

Saad-Filho, A. (1996a) 'The Value of Money, the Value of Labour Power and the Net Product, An Appraisal of the "New Approach" to the Transformation Problem', in A. Freeman and G. Carchedi (eds.) *Marx and Non-Equilibrium Economics*, Aldershot: Edward Elgar.

Saad-Filho, A. (1996b) 'Inconvertible Paper Money and the Labour Theory of Value', discussion paper E96/07, University of Leeds.

Saad-Filho, A. (1997a) 'Concrete and Abstract Labour in Marx's Theory of Value', *Review of Political Economy* 9, 4: 457 - 477.

Saad-Filho, A. (1997b) 'An Alternative Reading of the Transformation of Values into Prices of Production', *Capital & Class* 63: 115 - 136.

Saad-Filho, A. (1997c) 'Re-Reading both Hegel and Marx: The "New Dialectics" and the Method of "Capital"', *Revista de Economia Política-Brazilian Journal of Political Economy* 17, 1: 107 - 120.

Saad-Filho, A. (2000a) 'Inflation Theory: A Critical Literature Review and a New Research Agenda', *Research in Political Economy* 18: 335 - 362.

Saad-Filho, A. (2000b) ' "Vertical" versus "Horizontal" Economics: Systems of Provision, Consumption Norms and Labour Market Structures', *Capital & Class* 72: 209 – 214.

Saad-Filho, A. and Mollo, M. L. R. (forthcoming) 'Inflation and Stabilization in Brazil: A Political Economy Analysis', *Review of Radical Political Economics*.

Saad-Filho, A. and Morais, L. (2000) 'The Costs of Neomonetarism: The Brazilian Economy in the 1990s', *International Papers in Political Economy* 7, 3.

Salama, P. (1984) 'Value and Price of Production, A Differential Approach', in E. Mandel and A. Freeman (eds.) *Ricardo, Marx, Sraffa*, London: Verso.

Samuelson, P. M. (1957) 'Wages and Interest, A Modern Dissection of Marxian Economic Models', *American Economic Review* 47, 6: 884 – 912.

Samuelson, P. M. (1971) 'Understanding the Marxian Notion of Exploitation, A Summary of the So-Called Transformation Problem between Marxian Values and Competitive Prices', *Journal of Economic Literature* 9, 2: 399 – 431.

Samuelson, P. M. (1973) 'Reply on Marxian Matters', *Journal of Economic Literature* 11, 1: 64 – 68.

Samuelson, P. M. (1974) 'Insight and Detour in the Theory of Exploitation, A Reply to Baumol', *Journal of Economic Literature* 12, 1: 62 – 70.

Savran, S. (1979) 'On the Theoretical Consistency of Sraffa's Economics', *Capital & Class* 7: 131 – 140.

Savran, S. (1980) 'On Confusions Concerning Sraffa (and Marx), Reply to Critics', *Capital & Class* 12: 85 - 98.

Savran, S. (1984) 'The Negation of Negative Values', in E. Mandel and A. Freeman (eds.) *Ricardo, Marx, Sraffa*, London: Verso.

Savran, S. and Tonak, A. (1999) 'Productive and Unproductive Labour: An Attempt at Clarification and Classification' *Capital & Class* 68: 113 - 152.

Sawyer, M. C. (1985) *The Economics of Michal Kalecki*, London: Macmillan.

Sawyer, M. C. (1989) *The Challenge of Radical Political Economy*, Aldershot: Edward Elgar.

Schefold, B. (1998) 'The Relationship between the Rate of Profit and the Rate of Interest: A Reassessment after the Publication of Marx's Manuscript of the Third Volume of *Das Kapital*', in R. Bellofiore (ed.) *Marxian Economics: A Reappraisal, Essays on Volume III of Capital*, vol. 2, London: Macmillan.

Schotter, A. (1990) *Free Market Economics*, Oxford: Blackwell.

Schutz, E. (1999) 'Exploitation', in P. O'Hara (ed.) *Encyclopedia of Political Economy*, vol. 1, London: Routledge.

Schumpeter, J. A. (1954) *History of Economic Analysis*, London: Allen & Unwin.

Schwartz, J. G. (ed.) (1977) *The Subtle Anatomy of Capitalism*, Santa Monica, Calif.: Goodyear.

Schwarz, B. (1985) 'Re-Assessing Braverman: Socialisation and Dispossession in the History of Technology', in L. Levidow and B. Young (eds.) *Science, Techology and the Labour Process*, vol. 2, Atlantic Highlands, N. J.: Humanities Press.

Scott, S. (1999) 'Thought and Social Struggle: A History of Dialectics', Ph. D. Thesis, University of Bradford.

Sekine, T. (1975) 'Uno-Riron, A Japanese Contribution to Marxian Political Economy', *Journal of Economic Literature* 13, 3: 847 – 877.

Semmler, W. (1982) 'Theories of Competition and Monopoly', *Capital & Class* 18: 91 – 116.

Seton, F. (1957) 'The "Transformation Problem"', *Review of Economic Studies* 24: 149 – 160.

Shaikh, A. (1973) 'Theories of Value and Theories of Distribution', Ph. D. Thesis, Columbia University.

Shaikh, A. (1977) 'Marx's Theory of Value and the "Transformation Problem"', in J. G. Schwartz (ed.) *The Subtle Anatomy of Capitalism*, Santa Monica, Calif.: Goodyear.

Shaikh, A. (1981) 'The Poverty of Algebra', in I. Steedman (ed.) *The Value Controversy*, London: Verso.

Shaikh, A. (1982) 'Neo-Ricardian Economics, A Wealth of Algebra, a Poverty of Theory', *Review of Radical Political Economics* 14, 2: 67 – 83.

Shaikh, A. (1984) 'The Transformation from Marx to Sraffa', in E. Mandel and A. Freeman (eds.) *Ricardo, Marx, Sraffa*, London: Verso.

Shaikh, A. (1991) 'Values and Value Transfers: A Comment on Itoh', in B. Roberts and S. Feiner (eds.) *Radical Economics*, Boston: Kluwer.

Shaikh, A. (1998) 'The Empirical Strength of the Labour Theory of Value', in R. Bellofiore (ed.) *Marxian Economics: A Reapprais-*

al, *Essays on Volume III of Capital*, vol. 1, London: Macmillan.

Shamsavari, A. (1987) *A Critique of the Transformation Problem*, London: Kingston Polytechnic Discussion Papers in Political Economy, no. 58.

Shamsavari, A. (1991) *Dialectic and Social Theory, The Logic of 'Capital'*, Braunton, Devon: Merlin Books.

Sherman, H. (1972) 'Inflation, Profits and the New Economic Policy', *Review of Radical Political Economics* 4, 4: 113 – 121.

Sherman, H. (1976a), *Stagflation: A Radical Theory of Unemployment and Inflation*, New York: Harper and Row.

Sherman, H. (1976b) 'Inflation, Unemployment, and Monopoly Capital', *Monthly Review* 27, 10: 25 – 35.

Shibata, K. (1933) 'The Meaning of the Theory of Value in Theoretical Economics', *Kyoto University Economic Review* 8, 2: 49 – 68.

Slater, P. (ed.) (1980) *Outlines of a Critique of Technology*, Atlantic Highlands, N. J.: Humanities Press.

Smith, A. (1991) *The Wealth of Nations*, London: Everyman.

Smith, M. (1994a) *Invisible Leviathan: The Marxist Critique of Market Despotism beyond Postmodernism*, Toronto: University of Toronto Press.

Smith, M. (1994b) 'Alienation, Exploitation and Abstract Labor: A Humanist Defense of Marx's Theory of Value', *Review of Radical Political Economics* 26, 1: 110 – 133.

Smith, T. (1990) *The Logic of Marx's 'Capital', Reply to Hegelian Criticisms*, Albany, N. Y.: State of New York Press.

Smith, T. (1993a) *Dialectical Social Theory and Its Critics*, Albany: State University of New York Press.

Smith, T. (1993b) 'Marx's "Capital" and Hegelian Dialectical Logic', in F. Moseley (ed.) *Marx's Method in 'Capital', A Reexamination*, Atlantic Highlands, N. J.: Humanities Press.

Smith, T. (1997) 'Marx's Theory of Social Forms and Lakatos's Methodology of Scientific Research Programs', in F. Moseley and M. Campbell (eds.) *New Investigations of Marx's Method*, Atlantic Highlands, N. J.: Humanities Press.

Smith, T. (1998) 'Value Theory and Dialectics', *Science & Society* 62, 3: 460 – 470.

Smith, T. (1999a) 'The Relevance of Systematic Dialectics to Marxian Thought: Reply to Rosenthal', *Historical Materialism* 4: 215 – 240.

Smith, T. (1999b) 'Brenner and Crisis Theory: Issues in Systematic and Historical Dialectics', *Historical Materialism* 5: 145 – 178.

Sohn-Rethel, A. (1978) *Intellectual and Manual Labour: A Critique of Epistemology*, London: Macmillan.

Spencer, D. (2000) 'Braverman and the Contribution of Labour Process Analysis to the Critique of Capitalist Production—Twenty Five Years On', *Work, Employment and Society* 14, 2: 223 – 243.

Spero, N. (1969) 'Notes on the Current Inflation', *Monthly Review* 21, 2: 29 – 32.

Sraffa, P. (1960) *Production of Commodities by Means of Commodities: Prelude to a Critique of Economic Theory*, Cambridge: Cambridge University Press.

Stamatis, G. (1998 – 99) 'On the "New Solution"', *International Journal of Political Economy* 28, 4: 23 – 46.

Steedman, I. (1977) *Marx after Sraffa*, London: New Left Books.

Steedman, I. (ed.) (1981) *The Value Controversy*, London: Verso.

Steindl, J. (1952) *Maturity and Stagnation in American Capitalism*, Oxford: Blackwell.

Sweezy, P. (1949) 'Introduction', in *Karl Marx and the Close of His System*, Clifton: N. J.: A. M. Kelley.

Sweezy, P. (1968) *The Theory of Capitalist Development*, New York: Monthly Review Press.

Sweezy, P. (1974) 'Baran and the Danger of Inflation', *Monthly Review* 27, 7: 11 – 14.

Sweezy, P. and Magdoff, H. (1979) 'Inflation without End?' *Monthly Review* 31, 6: 1 – 10.

Sweezy, P. and Magdoff, H. (1983) 'Supply-side Theory and Capital Investment', *Monthly Review* 34: 1 – 9.

Szymanski, A. (1984) 'Productivity Growth and Capitalist Stagnation', *Science and Society* 48, 3: 295 – 322.

Szumski, J. (1991) 'On Duménil and Lévy's Denial of The Existence of The So Called Transformation Problem, A Reply', *Cambridge Journal of Economics* 15, 3: 365 – 371.

Taylor, N. (2000) 'Abstract Labour and Social Mediation in Marxian Value Theory', Bachelor of Economics (Honours) dissertation, Murdoch University.

Taylor, P. (1979) 'Labour Time, Work Measurement and the Commensuration of Labour', *Capital & Class* 9: 23 – 37.

Thompson, E. P. (1967) 'Time, Work-Discipline, and Industrial Capitalism', *Past and Present* 38: 56 – 97.

Thompson, E. P. (1978) *The Poverty of Theory*, London: Merlin Press.

Toporowski, J. (2000) *The End of Finance*, London: Routledge.

Tortajada, R. (1977) 'A Note on the Reduction of Complex Labour to Simple Labour', *Capital & Class* 1: 106 – 116.

Tugan-Baranowsky, M. I. (1905) *Theoretische Grundlagen des Marxismus*, Leipzig: Doucker und Humboldt.

Uno, K. (1980) *Principles of Political Economy: Theory of a Purely Capitalist Society*, Brighton: Harvester Press.

Vegara i Carrio, J. (1978) *Economía Política y Modelos Multisectoriales*, Madrid: Editorial Tecnos.

Vroey, M. de (1981) 'Value, Production and Exchange', in I. Steedman (ed.) *The Value Controversy*, London: Verso.

Vroey, M. de (1982) 'On the Obsolescence of the Marxian Theory of Value, A Critical Review', *Capital & Class* 17: 34 – 59.

Vroey, M. de (1984) 'Inflation, A Non-Monetarist Monetary Interpretation', *Cambridge Journal of Economics* 8: 381 – 399.

Vroey, M. de (1985) 'La Théorie Marxiste de la Valeur, Version Travail Abstrait, Un Bilan Critique', in G. Dostaler and M. Lagueux (eds.) *Un Echiquier Centenaire, Théorie de la Valeur et Formation des Prix*, Paris: La Découverte.

Weeks, J. (1977) 'The Sphere of Production and the Analysis of Crisis in Capitalism', *Science and Society* 41: 281 – 302.

Weeks, J. (1979) 'The Process of Accumulation and the Profit Squeeze Hypothesis', *Science and Society* 43: 259 – 280.

Weeks, J. (1981) *Capital and Exploitation*, Princeton: Princeton University Press.

Weeks, J. (1982a) 'Equilibrium, Uneven Development and the

Tendency of the Rate of Profit to Fall' *Capital & Class* 16: 62 – 77.

Weeks, J. (1982b) 'A Note on Underconsumptionist Theory and the Labor Theory of Value', *Science & Society* 46, 1: 60 – 76.

Weeks, J. (1983) 'On the Issue of Capitalist Circulation and the Concepts Appropriate to Its Analysis', *Science & Society* 48, 2: 214 – 225.

Weeks, J. (1984) 'Theory, Ideology and Idolatry', *Economic and Political Weekly* 19, 48: 2054 – 2056.

Weeks, J. (1990) 'Abstract Labor and Commodity Production', *Research in Political Economy* 12: 3 – 19.

Weeks, J. (1992) 'Competition and Technical Change in an Aggregate Circulation Framework', unpublished manuscript.

Weintraub, S. (1981) 'An Eclectic Theory of Income Shares', *Journal of Post Keynesian Economics* 4, 1: 10 – 24.

Weisskopf, T., Bowles, S. and Gordon, D. (1985) 'Two Views of Capitalist Stagnation: Underconsumption and Challenges to Capitalist Control', *Science and Society* 49, 3: 259 – 286.

Wennerlind, C. (2000) 'The Labor Theory of Value and the Strategic Nature of Alienation', unpublished manuscript.

Wheelock, J. (1983) 'Competition in the Marxist Tradition', *Capital & Class* 21: 18 – 47.

Williams, M. (1998) 'Money and Labour-Power: Marx after Hegel, or Smith plus Sraffa?' *Cambridge Journal of Economics* 22: 187 – 198.

Williams, M. (2000) 'Why Marx neither Has nor Needs a Commodity Theory of Money', *Review of Political Economy* 12, 4: 435 – 451.

Winternitz, J. (1948) 'Values and Prices, A Solution to the So-Called Transformation Problem', *Economic Journal* 58, 2: 276 – 280.

Wolff, R. (1984) *Understanding Marx: A Reconstruction and Critique of 'Capital'*, Princeton: Princeton University Press.

Wolff, R., Roberts, B. and Callari, A. (1982) 'Marx's (not Ricardo's) Transformation Problem, A Radical Reconceptualization', *History of Political Economy* 14, 4: 564 – 582.

Wolff, R., Roberts, B. and Callari, A. (1984) 'A Marxian Alternative to the Traditional "Transformation Problem"', *Review of Radical Political Economics* 16, 2 – 3: 115 – 135.

Wolfstetter, E. (1973) 'Surplus Labour, Synchronised Labour Costs and Marx's Labour Theory of Value, *Economic Journal* 83: 787 – 809.

Wright, E. O. (1977) 'Alternative Perspectives in Marxist Theory of Accumulation and Crisis', in J. G. Schwartz (ed.) *The Subtle Anatomy of Capitalism*, Santa Monica, Calif.: Goodyear.

Wright, E. O. (1981) 'The Value Controversy and Social Research', in I. Steedman (ed.) *The Value Controversy*, London: Verso.

Yaffe, D. (1974) 'Value and Price in Marx's "Capital"', *Revolutionary Communist* 1: 31 – 49.

Yaffe, D. (1995) 'Value, Price and the Neo-Ricardians: An Introductory Note', in S. Mohun (ed.) *Debates in Value Theory*, London: Macmillan.

Zarembka, P. (2000) 'Accumulation of Capital, its Definition: A Century after Lenin and Luxemburg', *Research in Political Economy* 18: 183 – 225.

Zarifian, P. (1975) *Inflation et Crise Monétaire*, Paris: Editions Sociales.

Zelený, J. (1980) *The Logic of Marx*, Oxford: Basil Blackwell.

图书在版编目（CIP）数据

马克思的价值：当代资本主义政治经济学批判 /（英）阿尔弗雷多·萨德-费洛（Alfredo Saad-Filho）著；周丹，孔祥润译.--北京：社会科学文献出版社，2021.3

书名原文：The Value of Marx：Political Economy for Contemporary Capitalism

ISBN 978-7-5201-8026-9

Ⅰ.①马… Ⅱ.①阿… ②周… ③孔… Ⅲ.①马克思主义-价值（哲学）-研究 ②资本主义经济-研究-世界-现代 Ⅳ.①B018 ②F112.7

中国版本图书馆 CIP 数据核字（2021）第 038692 号

马克思的价值
——当代资本主义政治经济学批判

著　　者 /	〔英〕阿尔弗雷多·萨德-费洛（Alfredo Saad-Filho）
译　　者 /	周　丹　孔祥润
校　　者 /	王　月
出 版 人 /	王利民
责任编辑 /	袁卫华　罗卫平
出　　版 /	社会科学文献出版社·人文分社（010）59367215
	地址：北京市北三环中路甲29号院华龙大厦　邮编：100029
	网址：www.ssap.com.cn
发　　行 /	市场营销中心（010）59367081　59367083
印　　装 /	三河市东方印刷有限公司
规　　格 /	开　本：787mm×1092mm　1/16
	印　张：15　字　数：181千字
版　　次 /	2021年3月第1版　2021年3月第1次印刷
书　　号 /	ISBN 978-7-5201-8026-9
著作权合同登 记 号 /	图字 01-2021-1252 号
定　　价 /	79.00 元

本书如有印装质量问题，请与读者服务中心（010-59367028）联系

版权所有 翻印必究